AF335800

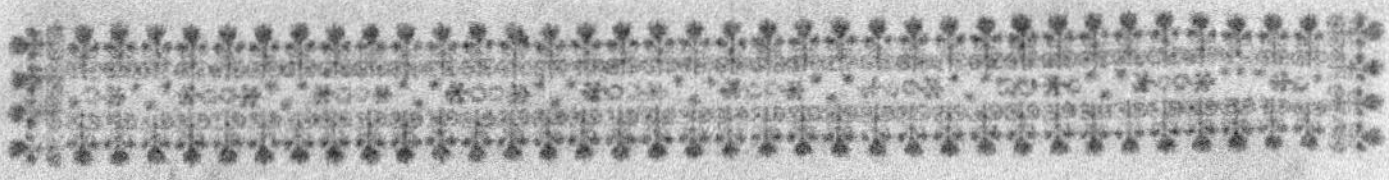

BRIEFVE
RELATION DE LA CHINE,
ET DE LA
NOTABLE CONVERSION
des Personnes Royales de cet Estat.

Faicte par le tres-R. P. Michel Boym *de la Compagnie de* Iesvs, *enuoyé par la Cour de ce Royaume là, en qualité d'Ambassadeur au S. Siege Apostolique, & recitée par luy mesme dans l'Eglise de Smyrne, le 29. Septembre de l'annee 1652.*

M E voicy vestu à la Chinoise & de la mesme façon que nos Peres paroissent en public dans l'vn des plus vastes, & des mieux policez Royaume de la terre. Ie sçay que plusieurs d'entre vous souhaitent d'aprendre de moy le commencement, le progrés, & l'estat present de la nouuelle Eglise, qui s'est formée dans ce pays-là: mais comme vn éloignement si estrange, & vne si longue absence de l'Europe m'a fait oublier la pureté du langage Italien, ie n'oserois m'engager dans cette narration, si ie n'estois asseuré que vous excuserez facilement les improprietez, que ie seray sans doute contraint de laisser couler dans vn discours, qui n'est entrepris que pour vostre satisfaction. Il faut donc sçauoir que la Chine fut autresfois si grande & si vaste, que sa latitude comprenoit plus de soixante cinq degrez; ie veux dire tout cet espace de terre qui est entre la ligne Equinoctiale & la mer glacée: de sorte que tous les peuples Septentrionaux de la grande Tartarie n'estoient qu'vne partie, & encore fort petite de l'empire des Chinois, qui receuoient du costé du Midy l'hommage & le tribut de toutes les Indes Orientales, & particulierement des Roys de Cochin, de Ceylan, d'où vient la canelle, de Malaca, de Chiampa, & de Cambogia, qui s'aduouoient leurs feudataires, de mesme que les Roys de Siam, de la Cochinchine, & de Tunquim, qui encore auiourd'huy sont leurs tributaires. Du costé d'Orient leurs monarchie (à ce qu'on rapporte) alloit au delà de la mer, & s'estendoit par toute l'Amerique Septentrionale iusques dans la nouuelle Espagne: du moins il est asseuré que les Philippines, où est Manila & le Royaume de Mindanao, l'Isle Formose, les Moluques (d'où vient tant de giroffle) & tout le Iapon, appartenoit aux Chinois. Et pour le costé d'occident, l'histoire de cette nation asseure que leur domination n'y auoit d'autres bornes que les flots de la mer Caspie, & qu'ils estoient mesme il n'y a pas long temps, supremes Souuerains des peuples de la Sarmacande, du Royaume de Tyber abondant en precieuses laines, du Royaume de Laos, où sont les plus grands elephans & où se trouue le Bezoar, & du Royaume de Pegu, d'où l'on apporte les rubis. Certainement à qui considere dans la carte geographique les nations que ie viens de nommer, il est impossible de ne s'estonner de l'amplitude demesurée de tant de climats & de tant de pays autres-fois soûmis à la Chine. La grandeur de

Seconde Partie.

cette monarchie estoit bien si prodigieuse, que les Empereurs tous politiques qu'ils estoient, ne pouuans gouuerner plus commodément des peuples si éloignez, se resolurent de choisir parmy cent quatorze Royaumes ceux-là seulement, qui pouroient composer vn Empire assez vny. A quoy contribua beaucoup la situation des quinze prouinces, qui sont presentement l'estat de la grande Chine : parce que du costé d'Orient & du Midy la mer les defend contre toute sorte d'ennemis. Du costé d'Occident il y a vn fleuue nommé Huám d'vne longueur & d'vne largeur excessiue ; du costé du Septentrion il y a vne muraille, non pas de quatre cens (comme plusieurs cartes mettent) mais de six cens lieuës d'Alemagne, chacune desquelles contient quatre milles d'Italie ; & ces deux choses mettent les Chinois dans vne extreme seureté. De plus leurs Monarques firent vne loy rigoureuse, qu'aucun de leurs subiets ne sortist du Royaume pour trafiquer, & qu'aucun n'eust la hardiesse de conduire ou d'introduire aucun estranger dans leurs estats, sous peine de la vie ; & de là vint que nous autres d'Europe ne pouuions point auoir la connoissance de leurs coustumes, de leurs richesses, & de leur politique. Mais depuis la découuerte du nouueau monde par la nauigation des Espagnols du costé d'Occident, & des Portugais du costé d'Orient & du Midy, ces peuples commencerent à venir dans nostre connoissance, par le moyen du trafic qu'eurent les marchands d'Europe dans les ports de la Chine. Iean Roy de Portugal n'en fut pas plustost instruit, qu'il demanda au souuerain Pontife & à Sainct Ignace quelques Peres de la Compagnie, qu'il fondoit à lors à Rome, pour aller prescher le sainct Euangile dans les Indes Orientales. Sainct Xauier y fut enuoyé auec quelques autres de ses compagnons, d'où apres plusieurs trauaux supportez, & le baptesme de plus d'vn million d'idolatres, il s'en alla iusques dans le Iapon, où ses predications furent suiuies de grandes conuersions. Toutesfois il oyoit souuent faire aux Iaponois ces instances cy. *Bien que nous ne sçauhions pas respondre à vos raisons, il y a pourtant dans la Chine beaucoup de docteurs & de gens de lettres, lesquels peuuent satisfaire à vos doutes : allez donc, allez premierement conuertir les Chinois, & vous verrez en suite que nous deuiendrons tous Chrestiens.*

Ce fut là l'occasion qui fit resoudre le Sainct, à vser de tous les efforts possibles, pour entrer dans la Chine, & y prescher nostre saincte foy. A cet effet il procura que les Portugais destinassent vne ambassade aux Chinois, laquelle fut malheureusement empeschée par la malice du Gouuerneur de Malaca, qui pour ce suiet fut excommunié par le Sainct, suiuant le pouuoir qu'il en auoit, à cause de sa charge de Nonce Apostolique ; & cette excommunication fut bien-tost suiuie des chastimens de la Iustice de Dieu, qui permit que ce miserable, estant rappellé dans le Portugal, mourust dans la prison d'vne lepre si hideuse & si puante, que ses plus proches parens mesme ne peurent iamais s'approcher de luy. Le Sainct ne laissa pas malgré les oppositions de cét impie, de perseuerer dans son entreprise auec vn courage inuincible : & quelques charitables marchands luy ayant donné par aumosne quelques sacs de poiure, ils les redonna à vn certain Chinois, à condition qu'il le porteroit dans la Chine, & pour cét effet il alla dans l'isle de Sancian, où plusieurs vaisseaux Portugais trafiquoient auec les Chinois. Il esperoit que celuy auec qui il auoit conuenu, viendroit le prendre dans cette isle, pour le transporter à la Chine ; mais il ne parut iamais, à cause de l'asseurance qu'il auoit des extremes rigueurs, qu'on exerce contre ceux qui font entrer des estrangers dans le pays. Cependant le Sainct se trauailla si fort à administrer les Sacremens aux Portugais, & à prescher la foy aux Chinois de cette isle là, qu'il contracta la maladie, de laquelle il mourut comme il auoit vescu, ie veux dire tres-sainctement. Les Portugais voulans porter ses os dans les Indes, mirent son corps dans vne fosse pleine de chaux, afin que la chair fust bien-tost consumée : mais lors qu'il fut temps de partir, ils trouuerent le corps tout entier, qu'ils transporterent à Malaca, où il fut pour vne seconde fois enseuely dans vne fosse couuerte de terre & de pierre : & toutesfois quand ils voulurent faire voile du costé de Goa, ils le trouuerent encor aussi frais que deuant, sans la moindre apparence de corruption. Au contraire, ils virent sortir de quelques endroits quantité de sang, tout ainsi que s'il eust esté viuant; & dans cet estat il fut porté à Goa, où l'on le voit encore aujourd'huy, & où ie l'ay veu de mes propres yeux dans l'Eglise du bon Iesus de nostre maison Professe, où il est conserué dans vne grande chasse d'argent bordée tout à l'entour de grandes pieces de cristal, & enrichie de pierres precieuses; & bien qu'il y ait desia cent ans que ce Sainct est mort, il est pourtant encore tout entier, sans qu'il ait pû estre gasté par la corruption que produisent les extremes chaleurs de Goa, où aucun corps mort ne peut demeurer plus de vingt-quatre heures. Vrayement c'est vne chose bien remarquable de voir les pieds du Sainct si blancs & si beaux, qu'ils ne sont point differens de ceux d'vn homme viuant que par certaines rides & inegalitez. De sorte qu'on peut iustement dire d'eux, *O quam speciosi pedes euangelizantium pacem.* On voit la face tout entiere auec vn œil ouuert & la paupiere dedans, ce qui paroistra prodigieux à ceux qui sçauent que la paupiere est vne des parties qui se corrompent les premieres dans les corps morts. Il y a quelques années que les Peres, pour satisfaire à la deuotion des Chrestiens, & pour auoir des reliques, tirerent quelques intestins du Sainct, auec toutes les permissions & ceremonies necessaires. Les os des ioinctures d'vne de ses mains paroissent vn peu decharnez, ce qui ne vient pas de la corruption du corps, mais de ce que la chair en fut enleuée par quelques personnes, & encore de ce que ce sainct Corps fut mis dans vn lieu fort estroit.

La mesme année que le Sainct mourut, & au mesme temps qu'il deuint malade dans l'isle de Sancian, le venerable Pere Mathieu Ricci nasquit en Europe par ses prieres, comme l'on croit, lequel apres entra dans la Chine, & fonda les Eglises, qui sont dans les deux Cours du Roy. Auant luy toutesfois le Pere François Petriz, par le moyen des Ambassadeurs deputez par les marchands de Macao, trouua l'occasion d'aller iusques dans la metropolitaine de Quantum, où apres que les Ambassadeurs eurent proposé les poincts de la negotiation, le Pere presenta aux Grands de la Chine deux escrits qui contenoient en langue Chinoise ce qui suit.

Ie suis le docteur qui enseigne la loy du Seigneur du Ciel, & parce que i'ay oüy dire que dans vostre Royaume il y a beaucoup de gens sçauans, ie serois bien aise de conferer auec eux sur les principaux poincts de ma doctrine: mais parce que moy & mes compagnons auons accoustumé d'offrir à Dieu des sacrifices, lesquels ne peuuent pas bien commodément estre presentez sur la mer, & que d'ailleurs ie suis trop vieux pour retourner dans mon pays, ie supplie tres-humblement vos Grandeurs de permettre que ie demeure dans vos estats, & offre sur terre mes sacrifices, pour la prosperité de vostre Empereur & de toutes vos illustres personnes.

Les Chinois leurent auec grande satisfaction ces requestes, & enuoyerent au Pere vne veste de damas cramoisy, de laquelle malgré toutes ses oppositions ils le vestirent, lors qu'il fut arriué à eux, & l'obligerent de s'asseoir au milieu d'eux, pour respondre aux interrogations qu'ils luy faisoient sur cette loy qu'il professoit. Ce Pere leur fit entendre par l'entremise d'vn truchement, qu'il adoroit le seul Createur qui a produit toutes choses, & lequel commande qu'on honore ses parens, qu'on ne tue point, qu'on ne dérobe point, & qu'on ne fasse point d'autres choses de cette nature : de telle sorte, que si l'homme obserue ces preceptes, son ame qui est immortelle, iouyra d'vne beatitude eternelle dans l'autre vie. Ils tesmoignerent vne grande ioye en entendant parler de l'immortalité de l'ame, & plusieurs des Mandarins consentoient à la demeure du Pere dans la Chine; mais leur Chef s'y opposa, alleguant la loy qui defend sous peine de la vie, qu'on ne laisse point entrer aucun estranger dans le Royaume. Ainsi pour responce ils dirent au Pere, que pour l'ignorance où il estoit de leur langue, sa demeure en ce pays-là seroit du tout inutile; mais que dés qu'il auroit acquis quelque connoissance de leur langage, il pourroit auec le temps obtenir pour soy & ses compagnons l'entrée dans la

Chine. Il fallut donc que de ceux de nos Peres qui estoient venus à Macao, les vns s'en allassent au Iapon, où ils moururent glorieusement pour la confession de la foy, & que les autres, comme le Pere Michel Rogier & le Pere Mathieu Ricci, duquel i'ay auparauant parlé, s'appliquassent à l'estude de la langue Chinoise, dans laquelle ils n'eurent pas plustost fait quelque progrés, qu'ils s'en allerent à Quantum en la compagnie des marchands. Ils furent dans cette ville receus par les grands, & sur tout par le Viceroy, qui prenoit grand plaisir à leur conuersation, aprenant d'eux beaucoup de curiositez appartenantes à la Physique & aux Mathematiques. Les Peres demanderent qu'il leur fust permis de rester dans sa Cour, ce qui leur fut liberalement accordé par ce Viceroy, qui leur donna vne maison, au deuant de laquelle il fit mettre cette inscription en lettres d'or, *Icy demeurent les Docteurs du grand Occident, qui enseignent la doctrine du Seigneur du Ciel.* Cela les accredita beaucoup, & porta quantité de personnes à les visiter. Plusieurs admiroient les instrumens de Mathematique, & demandoient pour quelle raison nous estimons que la terre est ronde, car ils croyent qu'elle est carrée, pourquoy il n'y a pas cinq elemens, mais seulement quatre, pourquoy les arbres & les metaux ne sont pas au nombre des elemens. D'autres s'informoient des particularitez d'vn si long voyage, des choses de l'Europe, de nostre saincte foy. Dieu se seruit de cette occasion pour attirer ces gens à sa connoissance. En effet plus de quatre cens se firent Chrestiens, parmy lesquels estoient quelques Mandarins des plus graues. Le Viceroy sur la fin de son gouuernement, de crainte qu'on ne l'accusast auprés de l'Empereur, enuoya dire aux Peres qu'ils retournassent à Macao, adoucissant toutesfois cét ordre fascheux par ces paroles, qu'il fit adiouster à celles du commandement, *Ie vous fais cette grace que de laisser à mon successeur de bonnes informations de vostre probité & science, particulierement pour les Mathematiques; lesquels memoires il n'aura pas plustost veu, qu'il vous rappellera.* La chose arriua de la sorte qu'il l'auoit asseurée : parce que son successeur apprenant la bonne reputation de nos Peres, & oyant dire merueilles de leur doctrine, les enuoya chercher, & leur rendit la maison où ils estoient auparauant : mais estant esleué à vne plus haute dignité, & craignant quelque accusation, il vouloit les renuoyer à Macao, & desia leur auoit commandé de vendre leur maison : alors les Peres le coniurerent que du moins il leur permist d'aller dans vn autre ville de ce Royaume, en cas qu'on ne leur voulut point accorder de demeurer dans sa Cour : *I'en suis content,* respondit le Viceroy, *& i'escriray au Gouuerneur de Xaseo qu'il vous reçoiue, & qu'il vous donne vne maison.* A la faueur de cette lettre les Peres y furent tres-bien accueillis, & y fonderent vne Eglise auec vne residence. Quelque temps aprés ils allerent de ce lieu là dans la prouince de Kiam-sy, où ils baptizerent beaucoup d'idolatres. En suitte ils passerent à Nankim, où personne ne vouloit les receuoir, soit dans les maisons, soit dans les barques, pour la crainte qu'ils auoient d'estre accusez, d'auoir eu quelque commerce auec les estrangers.

Cependant tandis que le Pere Mathieu Ricci prenoit vn peu de repos au milieu d'vne campagne il luy sembla voir vne personne qui l'exortoit efficacement, & l'animoit à continuer dans son dessein de prescher la foy dans ce pays-là, & comme le Pere tout estonné du discours que cét inconnu luy tenoit, voulut s'informer de son nom & de sa qualité, il oüyt de luy cette response, *Ego vobis propitius ero in vrbe quoque aula.* La verité de cette apparition parut manifestement le matin suiuant, auquel temps quelques Mandarins le vindrent inuiter à se retirer dans leurs maisons de Nankim, où bien-tost auec leur assistance il fonda vne Eglise & vne residence, qui produisit de grands fruits en peu de temps, par la conuersion de beaucoup d'idolatres.

De là nos Peres resolurent d'enuoyer à l'Empereur vn present, lequel fut malheureusement arresté dans le chemin par vn Eunuque de la Cour, qui mit en prison ceux de nos de nos Peres qui le portoient, sous pretexte que leurs liures, &

leurs Crucifix estoient des enchantemens pour faire mourir l'Empereur, auquel pourtant il fit sçauoir tout ce qu'il auoit trouué dans le train de ces Estrangers. De là à quelques mois le souuenir des choses que nos Peres luy apportoient s'estant ressuscité dans son esprit luy fit conceuoir le desir de les voir, & exprimer ce desir par ces mots icy. *Où est cette cloche qui sonne d'elle-mesme?* (voulant parler d'vn horologe, lequel estoit vne partie du present.) Ceux qui estoient alors auprés de sa personne respondirent que les Estrangers qui la portoient n'estoient gueres esloignez de là, & qu'ils attendoient les ordres de sa Maiesté. *Faites-les venir au plustost,* adiousta-t'il d'abord. Les Peres estans arriuez offrirent premierement vn grand horologe à roues & puis vn autre fort petit, quelques raretez de verre, des Perspectiues merueilleuses, des instrumens de Mathematique, & sur tout vn beau Tableau de Iesus-Christ nostre Seigneur, & de sa saincte Mere. L'Empereur resta si satisfait de ces presens, que le plaisir qu'il receut de leur veue fit naistre en luy le desir de sçauoir comme estoient faits ceux qui auoient presenté des choses si admirables: mais comme le soin de conseruer la Maiesté Royale dans le plus haut poinct de veneration où elle puisse estre ne permet aux Monarques de la Chine de donner audiance que tres-rarement, & quasi iamais, il ennoya son peintre vers les Peres pour tirer leurs portraits, & fit débourser l'argent necessaire pour bastir selon leur volonté vne Tour pour le grand horologe: il portoit tousiours le petit auec soy, & estant prié par l'Imperatrice sa mere de le luy laisser voir; de crainte qu'elle ne luy demandast, fit mettre en desordre les roues auant que l'enuoyer. Elle voyant qu'il ne sonnoit pas, le renuoya bien-tost, de quoy l'Empereur fut fort content. Vne autrefois comme vne piece de l'horologe se fut rompue, le Pere fut appellé pour l'auiser dans vne Sale, où le Roy voyoit tout ce qu'y s'y faisoit, sans pourtant estre veu. Le Pere pour examiner chaque piece en particulier défit entierement l'horologe, ce qui estant apperceu par sa Maiesté, elle se mit à crier, *l'horologe est mort.* Le Pere ne dit rien alors, & ne fit pas mesme semblant de l'auoir oüy: mais aprés que dans fort peu de temps il l'eut parfaitement racommodé, & reüny toutes ses pieces, l'Empereur s'estonna extremement, & ne se réioüit pas moins de l'entendre subitement sonner. Il commanda à ses Eunuques d'apprendre bien l'art de le gouuerner; mais eux craignans qu'il ne se rompist, dirent que les Peres estoient absolument necessaires pour cela. Et ce fut la raison qui porta l'Empereur à refuser de respondre aux requestes du Tribunal nommé *Lipu,* lequel sollicitoit fortement la sortie des Peres estrangers. Cependant on faisoit de grandes conuersions dans les autres Prouinces du Royaume, & la multitude des Eglises & de Residences s'augmentoit de iour en iour. Le Pere Matthieu Ricci ne fut pas seulement connu de ceux qui composoient la Cour, mais encore de tous les grands du Royaume, iusques là mesme qu'aucun d'eux ne venoit visiter l'Empereur qui n'allast aussi saluer le Pere; de sorte que pendant vne année, qu'il seiourna dans cette Cour, plus de deux mille Licenciez qui s'estoient venus presenter pour obtenir le degré de Docteur, le visiterent tous en particulier, & luy conformement à la coustume du pays fut obligé de leur rendre la visite, ce qui estant ioint au trauail infatigable, qu'il prenoit à composer en cette langue plusieurs Liures sur les matieres de la Foy, luy causa la maladie de laquelle il mourut dans les plus beaux actes d'vne saincteté heroïque. Les Colas, qui sont les premiers aprés le Roy, & qu'il auoit conuerty à la Foy, enuoierent vn riche & precieux tombeau, pour y enfermer son corps; le Roy donna le lieu pour la sepulture, & fournit les frais necessaires pour les funerailles. Les principaux Seigneurs tous idolatres qu'ils estoient attacherent à son sepulchre des eloges escrits sur des pieces de damas, en caracteres d'or. Et auiourd'huy mesme aucun ne vient à Pekim qui n'aille visiter le tombeau du Pere. Ie croy d'en auoir dit assez pour vous donner vne legere connoissance des commencemens de la Foy dans la Chine.

Aprés la mort de Vàn-Liè, ses successeurs Tièn-Ki, Tay-Chn, & Gùn-Cïn voyant auec quelle certitude nos Peres predisoient les Eclipses, & combien leurs Mathematiciens se trompoient en cela, firent commandement aux nostres de reformer leur Calendrier, voire mesme l'Empereur Gün-Kim fit bastir vne Academie, où il ordonna que nos Peres enseignassent les Mathematiques, & obligea les Grands à ouyr leurs leçons. Et afin que vous puissiez auoir quelque idée de l'intelligence & de la capacité de ces peuples, ie trouue à propos d'en toucher icy quelques exemples, qui pourront vous esclaircir là dessus. Il y eut vn des plus remarquables Mandarins lequel pria l'vn de nos Peres de luy enseigner les demonstrations d'Euclide, & pour cét effect ne manquoit point de venir deux fois chaque iour prendre la leçon. Tous les Chrestiens asseuroient au Pere qu'il perdoit son temps; mais à la fin de l'année comme l'explication des liures d'Euclide fut acheuée, ce Mandarin vint remercier le Pere, & luy dit qu'il se vouloit faire Chrestien: estant interrogé du motif qui le portoit à cette resolution, il respondit: Si dans ces matieres de Mathematique vostre doctrine est si certaine, qu'il est impossible, comme i'ay experimenté, de vous y conuaincre de la moindre erreur, & si auec cela vous protestez d'estimer infiniment plus vostre foy que les Mathematiques, il y a grand suiet de croire que vous estes bien plus asseuré de la verité de cette Religion, que vous loüez tant, & que vous nous dites estre necessaire pour se sauuer, & qu'en cela vous ne pouuez pas vous tromper: & ainsi il se fit Chrestien. Agréez vous que i'adiouste à cét exemple vn autre. Le fils d'vn Mandarin entendant que nos Peres cherchoient vn seruiteur pour leur maison, quitta le bonnet & la robe de son degré, & de la prouince de Nankim s'en alla dans la ville de Cai-fün-fü metropolitaine de Honan, où il pria les Peres de le receuoir à leur seruice, ne demandant point d'autre salaire que la vie. Aprés qu'il fut receu chez eux, il s'exerça durant long-temps auec vn plaisir incroyable dans les plus bas offices de la Maison: mais parce qu'il auoit le talent de catechiser, les Villageois le demandoient souuent à nos Peres. Le Pere Vice-Prouincial estant venu visiter ces Residences n'eut pas plustost ietté les yeux sur ce ieune homme, qu'il luy sembla d'abord l'auoir veu ailleurs, & luy demanda s'il n'estoit pas de Nankim, s'il ne se nommoit pas Ioseph, & s'il n'estoit point fils d'vn tel Mandarin? Ce pauure ieune homme aduoüa franchement ce qu'il ne pouuoit pas nier. Helas! luy repliqua le Pere, ne sçauez vous pas l'extreme affliction où sont tous vos parens, pour vostre perte, & n'auez vous pas appris qu'ils ont enuoyé de tous costez des gens pour vous chercher? Qu'est-ce qui vous a fait quitter vostre maison, pour venir icy seruir de valet aux Peres? Voicy la response qu'il fit à cette demande là. Hé quoy, mon Pere, vous vous estonnez de ce que ie suis venu de la prouince de Nankim iusqu'à Honan, & vous ne vous estonnez pas de vous-mesme, qui estes party d'vn pays si esloigné, & vous estes exposé aux dangers d'vn voyage de trois années, pour venir icy deliurer de l'enfer les ames de mon pere, de ma mere, & la mienne encore? I'ay resolu de vous seruir iusqu'à la fin de ma vie, & ainsi ie vous prie de permettre que ie continuë. Le Pere luy porta tant de raisons pour le contraire, qu'il l'obligea enfin à reprendre le bonnet & la robe conforme à son degré, aprés quoy il le reconduisit luy-mesme à ses parens, lesquels ne furent pas moins ioyeux du recouurement de leur fils, qu'edifiez de son action, auec le reste des Chrestiens. Mais puisque nous celebrons auiourd'huy dans cette Eglise icy de Smyrne la feste du grand sainct Michel, ie crois, Messieurs, que vous serez bien-aises que ie rapporte vn exemple à propos de cét Archange. Vn idolatre de qui la femme estoit possedée du demon pria les Chrestiens de reciter leurs oraisons sur cette energumene: les prieres de ces bons fideles furent si efficaces, que le demon prit d'abord la fuite, mais il ne laissa pas de retourner à quelque temps de là l'infester de nouueau. Les Chrestiens vindrent pour la seconde fois auec la saincte Croix, dont la veüe chassa incontinent le demon. De là à six mois cette femme enfanta vn fils, lequel deuint malade iusqu'à la mort, les Medecins l'auoient desia abandonné comme desesperé: le pere de l'enfant defia Christianifé eſtoit inconſolablement affligé de la perte qu'il alloit faire, & comme il penſoit en ſoy-meſme aux remedes dont il pourroit vſer pour la gueriſon de ſon fils, il entendit en l'air vne voix qui diſoit : *Ie ſuis le demon qui ay fait deuenir ton fils malade, ſi tu veux qu'il demeure en vie, eſcris le nom de ſon S. Michel Ar-change, & mets cette eſcriture dans le berceau du petit.* Ce qui ne fut pas pluſtoſt executé que le demon & la maladie furent eſgalement chaſſez. Le peu de temps qui me reſte me fait laiſſer beaucoup d'autres exemples ſemblables.

Peut-eſtre ſeriez vous bien-aiſes de ſçauoir les queſtions que les Chinois ont couſtume de propoſer à nos Peres. Ne croyez pas qu'ils demandent des choſes groſſieres ou faciles, comme font la pluſpart des autres Nations eſtrangeres, ils font de ſubtiles propoſitions ſur de grandes difficultez. Ils veulent qu'on leur don-ne raiſon du myſtere de la Trinité, & de l'Incarnation. D'où ſçauez-vous, diſent-ils, qu'il n'y a qu'vn Dieu, & que celuy-là eſt trin en perſonnes? qu'il n'a qu'vn fils, & non pas deux ou trois, ou plus encore? Que le ſainct Eſprit procede du Pere & du Fils, & n'eſt point pour cela fils du Fils ny du Pere? De plus, ſi Dieu eſt bon, & a créé ce monde, comme vne participation de ſa bonté, d'où vient qu'il y a tant de maux? Si Dieu ſçauoit que les hommes deuoient eſtre ſi malicieux, pourquoy les laiſſoit-il naiſtre? Pourquoy les vns ſont ils riches, les autres pauures? Les vns viuent long-temps, les autres fort peu? Ils demandent encore, ſi Dieu pouuoit auec vne parole pardonner le peché de nos premiers parens, quelle neceſſité y auoit-il que ſon Fils ſe fit homme? & s'il eſtoit neceſſaire qu'il ſe fit homme, pourquoy ne s'vnit-il point à noſtre nature dans vn âge parfait, & dans vn corps d'vne iuſte grandeur? à quoy bon naiſtre ſi petit d'vne Vierge? Après, pourquoy ne ſuffit-il point qu'il ſe fuſt faict homme, ſans ſouffrir les tourmens & les ignominies de la Croix? Enfin, pourquoy ne naſquit-il point dans la Chine, ou n'y enuoyaſt-il auparauant des Predicateurs de ſa Loy, afin que nos predeceſſeurs ne ſe damnaſſent point? Pour-quoy eſt-ce qu'eſtant ſi miſericordieux, il a permis qu'ils ſe ſoient perdus par faute d'inſtruction? Ils demanderent encore, d'où vient que Dieu permet que les mala-des reçoiuent ſouuent la gueriſon apres l'inuocation des pagodes & des demons, puis que c'eſt fournir aux Idolatres vn iuſte fondement de croire que c'eſt par la vertu de ces fauſſes diuinitez qu'ils recouurent la ſanté? Ils s'enquierent encore, d'où c'eſt que nous auons appris que l'ame eſtant ſortie du corps n'eſt point ſuiette à la corruption de meſme que les membres qu'elle abandonne, & s'il eſt certain qu'elle ſoit immortelle? Qu'eſt-ce qui nous fait aſſeurer que cette ame n'eſtoit point auant la formation de noſtre corps, & pourquoy nous ne croyons pas pluſtoſt que les ames paſſent d'vn corps à l'autre? Pourquoy c'eſt qu'elle eſtant immortelle ne rend point le corps incorruptible? De plus, pourquoy Dieu n'a pas donné à tous les hommes vne ſi forte inclination pour le bien, qu'il ne leur fut pas poſſible de s'abandonner à tant de meſchancetez? Et ſi Dieu a inſtitué le mariage pour la generation des enfans pourquoy eſt-ce qu'encore bien qu'vn homme n'en ait point d'vne femme, il luy defend pourtant d'en eſpouſer vne autre qui luy en puiſſe en-fanter. Voila à peu près les queſtions que les Chinois font ordinairement, en quoy il leur faut donner ſatisfaction. Il eſt vray qu'en ce poinct ils ſont extremement loüables, parce qu'ils ſont tres-raiſonnables, s'ils voyent qu'on leur apporte de bonnes raiſons, au lieu de ſe ietter ſur les ſubtilitez pour ne point paroiſtre ceder, ils auoüent d'eſtre ſatisfaits, & confeſſent la verité.

Les Chreſtiens furent grandement confirmez dans la Foy, & les Gentils dans l'eſtime de noſtre ſaincte Loy, par vne eſcriture qui ſe trouua dans la prouince de Xēn-xŭ ſur vn grand marbre en caracteres Chinois & Egyptiens ou Coptiques, leſquels teſmoignoient que l'an de Ieſus-Chriſt 636. eſtoient arriuez à la Chine certains Preſtres, leſquels enſeignoient qu'il n'y auoit qu'vn Dieu trin en perſon-nes, lequel auoit créé du neant tout le monde, & que le Fils de Dieu pour deliurer nos premiers parens du peché originel ſe fit homme, en naiſſant d'vne Vierge, &

L'an de N. Seig. 636.

qu'aprés plusieurs miracles, & la predication de sa doctrine confiée à ses Disciples, il souffrit la mort de la Croix, mais qu'il ressuscita le troisiesme iour & monta au ciel le quatriesme aprés sa resurrection. Que ces Prestres là rasoient leur teste en forme de couronnes, qu'ils offroient des sacrifices, & faisoient plusieurs autres choses propres de la saincte Loy. De plus, cette Escriture asseuroit que quatre Empereurs de la Chine bastirent plusieurs Eglises, & fonderent des rentes perpetuelles pour ces Prestres, lesquels habitoient dans le mesme Palais que l'Empereur. Cette Escriture fut imprimée par les Idolatres, & par les Chrestiens, lesquels en firent vne tres vtile comparaison auec les liures de la foy que nos peres ont imprimez: car le parallele se trouuant parfait produisit quantité de belles conuersions.

Vne autre pierre fut trouuée dans la prouince de Fochien en cette maniere; les Gentils voyant que pendant la nuict vne flamme s'éleuoit du milieu d'vn marbre, se persuaderent que c'estoit sans doute la marque d'vn thresor caché sous ce lieu-là: ils ne manquerent pas de venir le matin leuer cette pierre, sous laquelle ils en trouuerent vne autre auec la saincte Croix. Ce qui ayant esté veu par vn Maistre Chrestien, fut cause de beaucoup de biens qu'opere ce Maistre-là par vne composition, où il descriuoit quelques Mysteres de la saincte Croix, exhortant ces idolatres à embrasser la foy, à abandonner les idoles, & à suiure l'exemple de leurs deuanciers dans l'adoration de la saincte Croix. On trouua beaucoup d'autres Croix semblables.

Depuis ce temps-là iusqu'icy les Residences des Peres de la Compagnie de Iesus sont arriuées iusqu'au nombre de vingt-sept, d'où ils vont visiter les Eglises auec les Chrestiens, qui sont en tres-grand nombre dans tous les quinze Royaumes & Prouinces. Il n'est ny office, ny condition, ny dignité de personnes dans la Chine, dont il n'y ait beaucoup de baptisez, comme il conste par liste des Peres: de sorte que les Chinois Chrestiens conuertis & baptisez par nos Peres, passent le nombre de cent mille. Que si cette multitude paroit incroyable à quelqu'vn, ie le prie de considerer le prodigieux nombre de Gentils qui se trouuent dans la Chine, puisque si selon le rapport des Autheurs il y a soixante dix millions d'ames dans l'Europe, i'asseure comme vne chose tres-certaine que dans la seule Chine il y en a plus de cent millions, en comparaison desquels cent mille sont vn bien petit nombre. Il faut donc prier nostre Seigneur qu'il enuoye beaucoup de semblables ouuriers, desquels on puisse esperer le fruit qu'on pretend, & qu'il inspire aux fideles de fonder des rentes suffisantes pour le soustien de ses Ministres Apostoliques: car c'est ce qui veritablement manque aux Peres, qui à grand peine peuuent subsister dans ce pays là auec les aumosnes qu'ils ont eues en partant de l'Europe: & qui pourtant, pour mieux edifier les Chinois, ne veulent point receuoir d'argent, ny encore moins de gages de ceux qu'ils instruisent. Et en verité c'est dequoy les Chinois ne se peuuent assez estonner par vne admiration qui porte les idolatres mesmes à faire ces reproches à leurs Bonzes. *Voyez*, leurs disent-ils, *ces Maistres du grand Occident, qui n'ont pas seulement fait à leurs despens vn voyage de trois années pour nous venir prescher la saincte Loy, mais qui ne veulent pas mesme icy prendre aucune chose pour la peine qu'ils ont à nous enseigner vne doctrine si raisonnable: & vous autres ne voulez rien faire si vous n'estes payez.* Ils comprenent fort bien cette verité, ie veux dire, que nos Peres ne sont point allez là pour chercher leurs biens ny leurs richesses, mais seulement leurs ames. La sainctete de la Loy Chrestienne est encore bien plus accreditée par l'asseurance qu'ils ont de ce qu'ils n'auroient iamais pû se persuader, à sçauoir de ce que nous gardons vne chasteté perpetuelle, & que nous sommes des Religieux qui viuent pauurement. Et bien que vous me voyez tout reuestu de soye, sçachez pourtant qu'il n'est aucun dans cet Auditoire, ny possible dans toute cette ville de Smyrne, dont l'habit ne couste beaucoup plus cher que le mien, à cause que la soye est à vn prix extremement bas dans la Chine. Et voila bien assez

pour

pour vous donner vne grossiere idée des progrés de la saincte foy dans ce Royaume là.

La Religion Chrestienne se trouue à present à la Chine dans l'estat que ie m'en Zun-kin.
vay sommairement raconter. L'Empereur Gun-kin auoit dans ses thresors l'image de saincte Marie Maiour auec vne espinete, que son grand-pere auoit receu du
venerable Pere Matthieu Ricci, & voulant ouyr l'harmonie de cét instrument, il
commanda à nos Peres de le mettre d'accord. Ceux-cy prirent cette occasion de
luy faire vn present, qui fut d'vn Liure de quarante & six feüillets de parchemin, où
estoient peints en miniature & auec de tres-belles couleurs, les miracles de la vie
de nostre Seigneur : & au dessous nos Peres auoient escrit en lettres d'or les textes
de l'Euangile auec leur explication : la couuerture estoit de deux lames d'argent,
sur lesquelles estoient les quatre Euangelistes en relief, deux de chaque coste. Ma-
ximilian Duc de Bauiere auoit autresfois donné ce mesme Liure pour la mission
de la Chine au R. P. Nicolas Trigaut, quand il vint en Europe. Ces Peres adiouste-
rent encore à ce Liure l'image des trois Roys Mages sur la cire ; & couurant l'vn &
l'autre present d'vn riche brocatel, ils commanderent au porteur de les découurir
tous deux lors qu'ils les presenteroient à sa Maiesté. L'Empereur voulut lauer les
mains auant que les receuoir, & dés qu'il les vid à descouuert, il parut extrememét
surpris & comme hors de soy-mesme durant long-temps, ne sçachant à quel des
deux il attacheroit sa veuë : mais suiuant enfin l'inspiration du Roy des Roys, il
s'arresta sur l'adoration des trois Roys Mages, se mit d'abord à deux genoux, & fit
vne profonde reuerence, baissant la teste iusqu'à terre : les deux Reynes & tous ceux
qui estoient presens en firent de mesme à son exemple. En suite l'Empereur indi-
quant auec le doigt le petit Iesus à ces deux Reynes : Ce petit enfant, leur dit-il,
est plus grand & plus puissant que vostre idole Toe. Ce Roy, adiousta-t'il, en
monstrant le plus vieux des saincts Mages, est plus vertueux que l'Empereur Yü,
que nos Chinois estiment si fort pour l'innocence extraordinaire de sa vie. Aprés
ces paroles il considera derechef la mesme image durant quelque temps, & ne
la laissa que pour s'attacher au Liure auec vne mesme affection. Il le voulut voir
sur l'heure mesme page par page, contemplant attentiuement toutes les images, &
lisant auec plaisir tous les textes de l'Euangile, que nos Peres auoient escrit au
dessous. Toutes les affaires les plus pressantes furent remises à vn autre temps,
quoy qu'il s'en presentast beaucoup : le disner mesme fut differé, & la iournée entiere se passa à considerer ces deuotes peintures, & à lire ce petit abbregé de nostre
saincte foy. Le iour suiuant il fit mettre ces sacrées images dans la Sale publique
de la vertu, & quelque temps aprés il y alla luy-mesme accompagné des deux
Reynes & de toute la Cour, pour les adorer derechef à genoux en presence de
tout le monde. Mais craignant que dans ce lieu public elles ne fussent pas assez
respectées des idolatres, il les fit rapporter dans son cabinet le plus secret, où
il se retiroit du depuis tres-souuens, & s'entretenoit auec plaisir à lire les textes
de l'Euangile, & l'explication des mysteres de nostre foy. Quelquesfois mesme en
sortant, si quelqu'vn venoit parler à luy, il me semble, leur disoit-il, que la loy du
Seigneur du Ciel est tres-vraye, mais ie ne sçaurois encore la comprendre. Ce qui
fut cause que nos Peres commencerent à composer plusieurs liures pour donner à
l'Empereur, & à tous les Chinois vne plus claire connoissance de nos saincts mysteres. Cependant l'Empereur fit fondre toutes les idoles d'or & d'argent, qui
estoient dans son Palais : ayant fait appeller son fils & son heritier, il luy fit commandement de n'inuoquer iamais que le Seigneur du Ciel : ce qui fit croire à plusieurs qu'effectiuement il auoit embrassé la Religion Chrestienne. Il est vray qu'il
fut entierement conuaincu, mais ayant manqué de perseuerance, & luy & tous ses
Estats furent tres-iustement chastiez de Dieu, comme vous allez entendre. Sa
concubine regnante accoucha d'vn fils, qui par ses cris & par ses gestes extraordinaires fit d'abord croire à tout le monde qu'il estoit possedé du demon. La mere

supplia l'Empereur de permettre que certains Bonzes nommez Taô Sù, qui croyent
auoir pouuoir de chasser les demons, vinssent dans le Palais, pour y faire quelques
processions auec leurs idoles : l'Empereur le permit, de sorte que les idoles rentre-
rent derechef dans le Palais aprés en auoir esté chassées. Cette infidelité ne fut pas
long-temps impunie : on apprit presque à mesme temps à la Cour qu'vn fameux
chef de voleurs nommé Ly, qui du temps de la famine s'estoit emparé des prouinces de Kèn-sy, & Kàn-sy, s'en venoit auec plus de soixante & dix mille hommes
assieger la ville Royale de Pekin. La nouuelle ne fut que trop veritable : & ce fameux brigand, qui auoit enuoyé au deuant de soy plusieurs de ses soldats habillez
en marchands, pour corrompre la fidelité des Mandarins & des Eunuques, qui com-
mandoient les Gardes, ne trouua point d'obstacle à son arriuée, & son argent plustost que ses armes luy ouurirent les portes de cette importante ville. L'Empereur
indigné de se voir si laschement traby en faueur d'vn de ses suiets, & d'vn meschant
voleur, qui estoit desia le maistre dans Pekin, aprés auoir pris vn peu de vin, se mor-
dit le doigt, & du sang qui en sortit, il escriuit ce peu de mots auec vn pinceau :
Que les Mandarins fussent punis, & le peuple innocent pardonné. Il délia ses cheueux
presque à mesme temps, & s'en couurant la face, Voila, dit-il, le Royaume perdu,
& ie m'en vay plein de honte trouuer mes ancestres. Aprés ces mots il s'alla pendre
sur l'heure mesme dans vn bois voisin, qui aprés auoir esté long-temps le lieu de
sa recreation ordinaire, fut enfin celuy de sa malheureuse mort. Les deux Reynes
en firent de mesme, & le Prince heritier de l'Empire, auec vn grand nombre des Seigneurs principaux perirent dans vn lac, où le mesme desespoir les fit precipiter.
 Le voleur L'y entra dans le Palais sans resistance, & trouuant tous ces Princes
morts, il se fit d'abord declarer Empereur, contraignit tous les Mandarins à luy pre-
ter serment de fidelité, & faisant tourmenter les vns, & mourir les autres, ramassa
de grosses sommes d'argent.

Cependant Vsan-quei, qui auec vn million de soldats gardoit la muraille fron-
tiere contre les Tartares, aduerty de cette reuolution, se resolut de venger la mort
de l'Empereur, & celle de son propre pere, que le voleur Ly auoit fait mourir. Il ne
fit pas difficulté de s'accorder auec les Tartares, & de ioindre ses troupes aux leurs
pour chasser le Tyran : il leur promit mesme de les deliurer du tribut qu'ils
payoient ordinairement au Roy de la Chine. L'vsurpateur n'osa point attendre
dans Pekin vne si grosse armée, qui venoit contre luy, il s'enfuit au premier aduis
qu'il en eut auec le thresor qu'il auoit ramassé. Mais les Tartares, aprés l'auoir sui-
uy durant long-temps, retournans à Pekin s'emparerent de la ville, resolus d'en
faire de mesme de toute la Chine, & prenans tantost vne prouince tantost vne autre, ils auoient presque entierement executé leur dessein. Leurs efforts neantmoins
furent moindres durant quelque temps, pour l'apprehension qu'il auoient d'vn
neueu de l'Empereur Vàn-liè nommé Kùm-quàm declaré Roy presque à mesme
temps dans la Cour de Nan-kem : mais celuy-cy s'abandonnant bien-tost à toute
sorte de vices ruina ses affaires, perdit sa prouince & disparut, sans que personne ait
peû sçauoir ce qu'il est deuenu. Celuy qui auoit esté couronné Empereur dans la
prouince de Fokien estoit d'vn humeur bien differente : c'estoit vn Prince du sang
Royal nommé Lùm-vù, qui n'estoit pas pourtant de la branche de Vàn-liè, homme
sçauant & genereux, tres-bon amy des Peres de la Compagnie, & de tous les Chrestiens. Ayant veu son armée en fuite par la trahison d'vn de ses Mandarins, il resolut d'aller luy-mesme en personne presenter la bataille aux ennemis : mais passant
le grand fleuue auec ses nouuelles troupes, le pont se rompit au milieu, & ce
pauure Prince se perdit malheureusement auec grand nombre de ses gens. Son
frere ne fut pas plus heureux que luy, ayant esté en fuite declaré Empereur dans
Quàm-tùm, il fut pris par les rebelles, & mis en prison, où il mourut de re-
gret : & ainsi dans moins de trois ans la Chine vid couronner & mourir trois de
ses Empereurs.

Lùm-vù quelque temps auant sa mort auoit enuoyé vn Ambassadeur Chrestien nommé Pan-Achilleo, Vice-Roy, & Grand Chancelier du Royaume, au Roy Tùm-hè neueu de Vàn-liè, pour le consoler sur la mort de son pere, & pour luy offrir sa Ville, sa Cour, & dequoy s'entretenir pendant le temps que les rebelles l'auoient chassé de la prouince de Hacquam. Il luy auoit fait protester par le mesme qu'il ne pretendoit nullement vsurper l'Empire, mais seulement en chasser les vsurpateurs en ces dangereux temps, pour le remettre entre les mains de son legitime Seigneur. Il arriua que pendant le temps que Pan-Achilleo estoit en ambassade auprés de ce Roy dans Veiesu en la Prouince de Quamsy, le Docteur Luca Chrestien, & General d'armée, passa par là auec dix mille hommes, menant auec soy le P. André Xauier Coster de la Compagnie de Iesus, qui de Vienne en Austriche estoit venu depuis quelque temps à la Chine. Ce Pere parlant auec le Grand Chancelier Pan-Achilleo, apprit que le Roy Tùm liè estoit bien en ce lieu, mais qu'il y estoit auec vne si grande frayeur des demons, qu'il n'osoit demeurer sur terre dans quelque maison que ce fust, mais soit qu'il fit voyage ou non, il ne sortoit iamais de ses vaisseaux : Le Chancelier luy adiousta, que le Roy auoit maintenant l'esprit plus en repos depuis qu'il luy auoit donné son reliquaire, & que s'il vouloit parler à sa Maiesté, il luy feroit aisément donner audience. Le Pere accepta cette offre, & s'estant fait introduire auprés du Roy, il en fut receu auec vne affection singuliere : sa Maiesté mesme ne voulut pas qu'il luy fit la reuerence, qu'on fait aux Roys dans ce pays-là, pour traitter plus familierement auec le Pere, qui luy fit present de quelques perspectiues cilindriques, & semblables choses de Mathematiques, & d'vne Image de la saincte Vierge, qui auoit d'vn costé le petit Iesus entre ses bras, & de l'autre S. Iean. Le Roy prit grand plaisir à cette conuersation, & receut ces presens auec beaucoup de ioye: & lors que le Pere demanda congé pour suiure le General qui s'en alloit partir, sa Maiesté luy dit que quand il retourneroit il vint demeurer dans sa Cour. Quelques temps aprés le Roy fut couronné, & le mesme iour de son couronnement il pria Pan-Achilleo de faire venir le Pere en sa Cour, ce qu'il fit d'abord : & le Pere fut logé à son arriuée, & demeura du depuis dans le Palais du Roy desia couronné, & reconnu Empereur de tout le monde. La crainte de quelques nouueaux tumultes fit passer la Cour en vne autre Prouince qui estoit fort soupçonnée de rebellion. Ce fut là que Pan-Achilleo n'oublia rien pour obliger l'Empereur & les Reynes d'embrasser nostre saincte Foy: desia tous trois ensemble à sa persuasion, recitoient tous les iours à genoux le *Pater noster*, l'*Aue Maria*, & le *Credo*, & l'Empereur auoit desia permis aux Reynes de receuoir le Baptesme, lors que l'Imperatrice fut touchée par vn merueilleux accidét. Ie ne sçay si ce fut en veillant ou en songe qu'vn petit enfant luy apparut, & luy dit auec vne voix penetrante, Si tu ne suis ma Loy ie te feray mourir: & quand elle vid aprés l'Image de la Vierge que le Pere Xauier Coster auoit donnée à l'Empereur, elle asseura que c'estoit ce petit enfant qu'elle voyoit au bras de la Vierge, qui luy auoit apparu auec la croix que tenoit ce petit sainct Iean de l'autre costé, ce qui luy fit demander le Baptesme. Ie vois bien, dit-elle bien-tost aprés à Achilleo, que le Baptesme est tout à fait necessaire pour se sauuer, mais qu'importe-t'il que ie le reçoiue de vostre main, ou de celle du Pere : Ne m'auez-vous pas dit que les Peres ont permis à Pekin aux Gentilshommes de la Chambre de baptiser les filles & les Dames du Palais : il semble qu'ils deuroient accorder cette permission plus aisément pour moy, qui ne puis receuoir personne dans mon appartement, & beaucoup moins vn estranger, à qui l'entrée en est defenduë sous de si grosses peines, & qui ne sçauroit en approcher sans faire murmurer tous les grands du Royaume. Achilleo luy respondit, qu'il ne pouuoit rien determiner sur ce suiet, mais qu'il sçauroit bien-tost du Pere tout ce qui se pourroit faire pour la satisfaction de sa Maiesté : il ne manqua pas d'en parler au plutost au Pere Xauier, qui luy respondit fort serieusement, que grand nombre d'Empereurs & d'Imperatrices estoient allez en enfer sans Baptesme, & que si l'Imperatrice y vouloit encore aller, le chemin en estoit fort large; mais que si elle vouloit asseurer son salut, il estoit plus expedient qu'elle receut le Baptesme de la main des Peres, pour estre mieux instruite auparauant sur les mysteres de nostre saincte Foy; ce qui ne se pourroit faire que fort difficilement, si à l'occasion de ce Baptesme on ne receuoit les Peres dans le Palais de l'Imperatrice; que Dieu vouloit sans doute que l'Imperatrice & les Reynes receussent publiquement le Baptesme, pour seruir d'exemple à toute la Chine, & porter efficacement tout le monde à faire le mesme; & que les Princesses mesme receuant ce Sacrement auec plus d'humiliation, le receussent aussi auec plus de merite. Cette response fut rapportée fidelement à l'Imperatrice, qui en receut vn sensible déplaisir, se trouuant d'vn costé dans vne extreme apprehension de perdre son salut, & de l'autre ne pouuant se resoudre à rompre quelques respects humains qui l'empeschoient de receuoir le Baptesme: Mais quelques iours aprés elle apprit que l'Empereur qui estoit absent, auoit receu aduis que la Ville capitale de la Prouince estoit rendue aux rebelles; Cette nouuelle, quoy que fausse, la ietta dans vn tel desespoir, qu'elle fut sur le poinct de s'estrangler auec vne corde; procedé qui est assez ordinaire en de semblables occasions parmy les Chinois, qui n'estiment rien de plus honteux que de tomber entre les mains de leurs ennemis. Pan-Achilleo empescha l'Imperatrice d'executer son funeste dessein, en luy representant que Dieu la vouloit obliger à receuoir le Baptesme de la main des Peres, & qu'aprés cela personne ne sçauroit luy rauir le salut eternel. L'Imperatrice & les Reynes furent tellement touchées de ces paroles, que se mettant à genoux deuant l'Image du Sauueur, & de la saincte Vierge, elles promirent à Achilleo de receuoir le Baptesme comme les Peres voudroient. Donques le Pere Xauier les ayant fait instruire toutes trois au plustost sur les plus importantes matieres de nostre Religion, leur donna le Baptesme, en presence d'Achilleo leur Parrain, auec les ceremonies ordinaires de l'Eglise Romaine. Il donna à l'Imperatrice le nom d'Helene, à la Reyne mere celuy de Marie, & à la Reyne, femme legitime de l'Empereur, le nom d'Anne; toutes les Dames de l'appartement des Princesses receurent aussi à mesme temps le Baptesme, auec vne consolation tres-grande. L'Empereur arriua le lendemain, & d'abord l'Imperatrice l'inuita à adorer les images de Iesus-Christ & de la saincte Vierge, & luy dit ouuertement; On n'adore plus dans ce Palais l'idole Tuó è, mais seulement Iesus-Christ le vray Dieu. L'Empereur loüa la genereuse resolution de ces nouuelles Chrestiennes, & tesmoigna qu'il vouloit luy-mesme suiure leur exemple. En effet il seroit desia baptizé si pour diuerses considerations on n'eut iugé plus à propos qu'il fut plus long-temps catechumene: Il ne laisse pas de reciter tous les iours soir & matin les Oraisons du Catechisme, & d'offrir luy-mesme des parfums odoriferans aux sainctes images, & peut-estre que depuis mon depart il aura receu le Baptesme. Quoy qu'il en soit, ie n'ay qu'à vous dire pour la suitte de l'Histoire, que ces Princesses ne furent pas plutost baptizées, que cinq Prouinces, ou plutost cinq Royaumes, enuoyerent presque aussi-tost asseurer l'Empereur de leur obeïssance, & luy demander des Vice-Roys, & tous les autres Officiers, qu'on leur enuoya auec la satisfaction de tout le monde. L'Empereur aprés s'estre fait couronner dans la Prouince de Kanton, fut encore supplié d'y vouloir faire sa demeure ordinaire; il le fit auec plaisir: mais vne de ses concubines estant accouchée d'vne fille qui mourut d'abord, l'Empereur fut dautant plus affligé de la mort de sa fille, que la naissance luy auoit donné plus de ioye. Aprés beaucoup de plaintes il ennoya demander au Pere André Xauier d'où venoit ce triste accident, que ce n'estoit pas là que ce le Pere luy auoit promis, que Dieu le fauoriseroit tousiours, puis qu'il venoit de perdre malheureusement sa fille. Le Pere respondit, que l'Empereur ne se pouuoit iustement plaindre de la mort de cette fille qu'il auoit euë d'vne Concubine, contre les defenses de la saincte Loy; qu'il luy conseilloit de s'adreſſer au vray Dieu, & de le ſupplier auec conſtance d'accorder des enfans à la Reyne ſa femme legitime. Cependant la Reyne Anne, qui ne ceſſoit d'offrir des ſacrifices à Dieu pour obtenir vn fils & vn heritier de ſon Royaume, fut conſeillée le lendemain de la part du meſme Pere, de ſe recommander encore à ſon Ange gardien, pour pouuoir heureuſement accoucher, & de faire bruſler quelques chandelles benites qu'il luy enuoyoit deuant les images de noſtre Seigneur, & de la ſaincte Vierge. Ce fut enuiron midy qu'vn Gentilhomme de la Chambre luy donna ce conſeil en preſence de l'Empereur; & enuiron la minuict ſuiuante elle accoucha tres-heureuſement d'vn enfant maſle. Cette naiſſance combla de ioye toute la Cour, & ſur tout l'Empereur, qui fit porter au Pere quelques mots d'Aſtrologie eſcrits en langue Chinoiſe, témoignant qu'il ſeroit bien aiſe qu'il luy en enuoyaſt l'explication par eſcrit. Le Pere luy eſcriuit qu'il croyoit que ſon fils ſeroit tres-heureux, eſtant nay à minuict auſſi bien que le Fils de Dieu lors qu'il voulut ſe faire homme & naiſtre d'vne Vierge pour l'amour de nous : que cette naiſſance eſtant arriuée dans le temps meſme que le Soleil ſe ioint au ſigne du Dragon, il auoit ſuiet de croire que l'enfant ſeroit vn iour comme vn Soleil, qui donneroit de l'eclat à toute la Chine, repreſentée par le Dragon qu'elle porte pour ſes armes : que Dieu vouloit ſans doute eſtablir la Maiſon Royale par cet enfant nouuellement nay, pour recompenſer la pieté & la liberalité de l'Empereur, qui peu de temps auparauant auoit donné des riches aumoſnes à l'Egliſe de Dieu: Mais que ſur tout il eſtoit tres-important d'apprendre à cet enfant dés ſa plus tendre ieuneſſe à craindre Dieu, & à garder les ſaincts Commandemens, pour pouuoir vn iour bien gouuerner ſes ſuiets. Cette reſponſe fut tres agreable à l'Empereur & à toute la Cour. L'Imperatrice & les Reynes ſollicitoient pour le Bapteſme du petit enfant, & preſſoient le Pere de le luy donner, mais le Pere s'en excuſoit, diſant que quoy qu'il le deſiraſt auec paſſion, il ne pouuoit le faire que l'Empereur n'y conſentiſt, & ne promit de le faire eſleuer à la Religion Chreſtienne, & ne le forcer iamais à prendre plus d'vne femme. L'Empereur deferant beaucoup aux perſuaſions de pluſieurs autres, differoit le Bapteſme, en refuſant ſon contentement, & cela faiſoit meſme qu'il n'eſtoit pas de ſi bonne intelligence auec les Reynes; iuſqu'à ce que le petit Prince nouuellement nay fut ſaiſi d'vne maladie mortelle. Pour lors tout le monde ſupplioit le Pere de vouloir dire la Meſſe pour ſa ſanté, mais le Pere ſe ſeruant de cette occaſion fit dire à l'Empereur que Dieu eſtoit en colere, & auec beaucoup de raiſon, puis qu'aprés luy auoir fait ſoûmettre cinq Royaumes entiers, il ne s'eſtoit pas mis en peine d'en rendre graces à ſa diuine Maieſté, ny procurer que ſon fils fut fait fils de Dieu par le moyen du Bapteſme. L'Empereur fut ſi touché de cette remontrance, qu'il dit d'abord à Achilleo d'appeller le Pere, en adiouſtant ces mots : Ie veux offrir mon fils au Seigneur du ciel, & pretens qu'il ſoit baptizé de la main du Pere. On appella donc le Pere, & en preſence de l'Empereur il baptiza le petit Prince entre les mains de Pan-Achilleo ſon Parrain auec toutes les ceremonies ordinaires, il luy donna le nom de Conſtantin, & par abreuiation en langue Chinoiſe, Tàm Tym, qui veut dire en ce pays-là, c'eſt celuy-cy qui determinera. Ce nom fut tres-agreable à l'Empereur & à toute la Cour, qui ne l'appelle point autrement. Mais ce qui acheua la ioye de tout le monde, & qui donna vne grande eſtime de noſtre ſaincte Foy, fut que le petit enfant fut ſoudainement guery entre les mains de ſon parrain immediatement aprés auoir receu le Bapteſme. L'Empereur pour faire paroiſtre ſa reconnoiſſance commanda à Achilleo d'enuoyer les Mandarins Chreſtiens à Macao pour porter des preſens de ſa part à l'Egliſe de la Compagnie de Ieſus qui eſt en cette ville. Ces Mandarins partirent bien-toſt aprés ſur quelques nauires, portans ſur leurs Banieres de ſoye le ſigne de la ſaincte Croix, & ſoudain aprés auoir pris terre dirent hautement qu'ils eſtoient Chreſtiens. Tout le peuple les conduiſit à noſtre College, où ils donnerent au Pere Viſiteur les lettres de l'Empereur, par leſquelles il ſup-

Seconde Partie.   (:) b iij

plioit nos Peres d'offrir de sa part en action de graces au Seigneur du ciel les presens qu'il leur enuoyoit, & de dire la Messe pour luy, & pour son fils. Ces presens
consistoient en deux chandeliers d'argent, deux encensoirs, & deux vases à fleurs
de mesme matiere auec les armes de la Chine, & vn arbre de senteur pour brusler
en parfums. Outre cela l'Imperatrice y auoit adiousté deux pieces d'argent pour
acheter des odeurs, & quelques pieces de satin & de damas. Les Ambassadeurs
porterent tout cela publiquement à l'Autel à l'offertoire de la Messe, & aprés auoir
fait leurs profondes reuerences à la façon de la Chine, ils les offrirent de la part de
l'Empereur à l'Eglise de nostre Compagnie en presence de toute la ville, qui y
estoit accouruë auec des temoignages d'vne ioye extraordinaire.

Depuis ce temps-là Dieu a fait la grace à l'Empereur de gaigner beaucoup de
victoires contre les Rebelles, & quoy que l'on dit à mon depart que les ennemis
auoient pris la capitale du Quàm-tùm par la trahison d'vn Mandarin, on m'a escrit
depuis que l'Empereur l'auoit reprise, qu'il auoit encore remporté quelque importante victoire, & qu'il continuoit auantageusément la guerre.

An.1644.

La mesme année que le present Vicaire de Iesus-Christ Innocent dixiesme fut
fait Pape, on trouua dans les costes de la Chine vers la prouince de Quàm-Tùm,
des escreuices de Mer, qui estans encore en vie, & lors mesme qu'elles estoient
cuites, par vn prodige tout à fait merueilleux, auoient chacune sur le dos & au
dessous de l'eschine vne croix blanche, & aux deux costez de cette croix deux
estendards dépliez de mesme couleur. On n'a point veu depuis ce temps-là de

An.1647.

semblables escreuices, si ce n'est vne autre fois l'an 1647. lors que Dom-Iun-lié à
present Empereur, comme l'heritier legitime de Vàn-lié son grand-pere, fut couronné dans cette mesme Prouince de Quàm-Tùm, & ce fut cette mesme année
que toutes ces Royales personnes se conuertirent, & que le Prince heritier de
l'Empire fut baptizé. Ie crois que Dieu vouloit faire connoistre par ces signes
merueilleux que parmy les estendards de la guerre, la saincte Croix deuoit triom-
pher par le sainct Baptesme dans l'Empire de la Chine, qui s'estend iusqu'au Tro-
pique du cancre ou de l'escreuice durant le Pontificat d'Innocent X. Le Liure in-
titulé, *Irlande Saincte*, contient plusieurs predictions de S. Malachie Euesque sur les
Souuerains Pontifes, que l'experience a fait iusqu'icy trouuer veritables. Dans celle
qui touche le Pape qui regne tres-heureusement auiourd'huy, ce sainct Prelat dit
que de son temps on doit voir dans le monde *Incandens Crux*. En effet vn Souuerain Pontife pourroit-il receuoir vne plus grande ioye du signe de la croix, que de
voir de son temps dans vn Royaume si grand & si vaste comme la Chine, des
Roys & des Reynes qui reçoiuent auec veneration le signe de la saincte Croix en
receuant le Baptesme, & qui enuoyent de si loin vn Ambassadeur pour adorer
cette mesme Croix, en baisant les pieds de sa Saincteté, & pour implorer le secours de ses prieres, & de celles de toute l'Eglise Catholique, sur tout deuant
l'Autel & le sepulchre des saincts Apostres saint Pierre & saint Paul, pour la conuersion du reste de ces peuples qui sont en si grand nombre, enfin pour supplier
sa mesme Saincteté d'accorder à toute la Maison Royale sa benediction Apostolique, qui ne se donne que par le signe de la sainte Croix.

Il ne reste maintenant, si ce n'est que nous adressant à la misericorde infinie
du tres-haut & tres-puissant Seigneur, nous luy disions auec la plus grande hu-
milité, & le plus grand zele qu'il nous sera possible: Vous sçauez (Seigneur) & dans
le temps & dans l'eternité, les momens les plus fauorables pour le salut d'vn chacun, iettez vn peu les yeux sur tant de vos creatures qui se perdent dans les pays
du monde les plus esloignez de nous, regardez ces ames que vous auez creées &
rachetées auec le Sang precieux de vostre Fils vnique, & faites, ie vous prie, que
vostre nom soit desormais sanctifié dans chacune d'elles, & que tous ces peuples
qui sont à peine connus dans l'Europe, *Cognoscant te Deum verum & quem misisti
Iesum Christum*, croyent en vous, qui estes le seul & le vray Dieu, en I. C. vostre Fils.

Auis Regia.
Mas   Fem
Fem   Pòàm
Lo Vindium
màejalarum
guey testudo.
Gallina Syluestris.
Yè
Xi
Rhabarbarum.
Tay
huàm

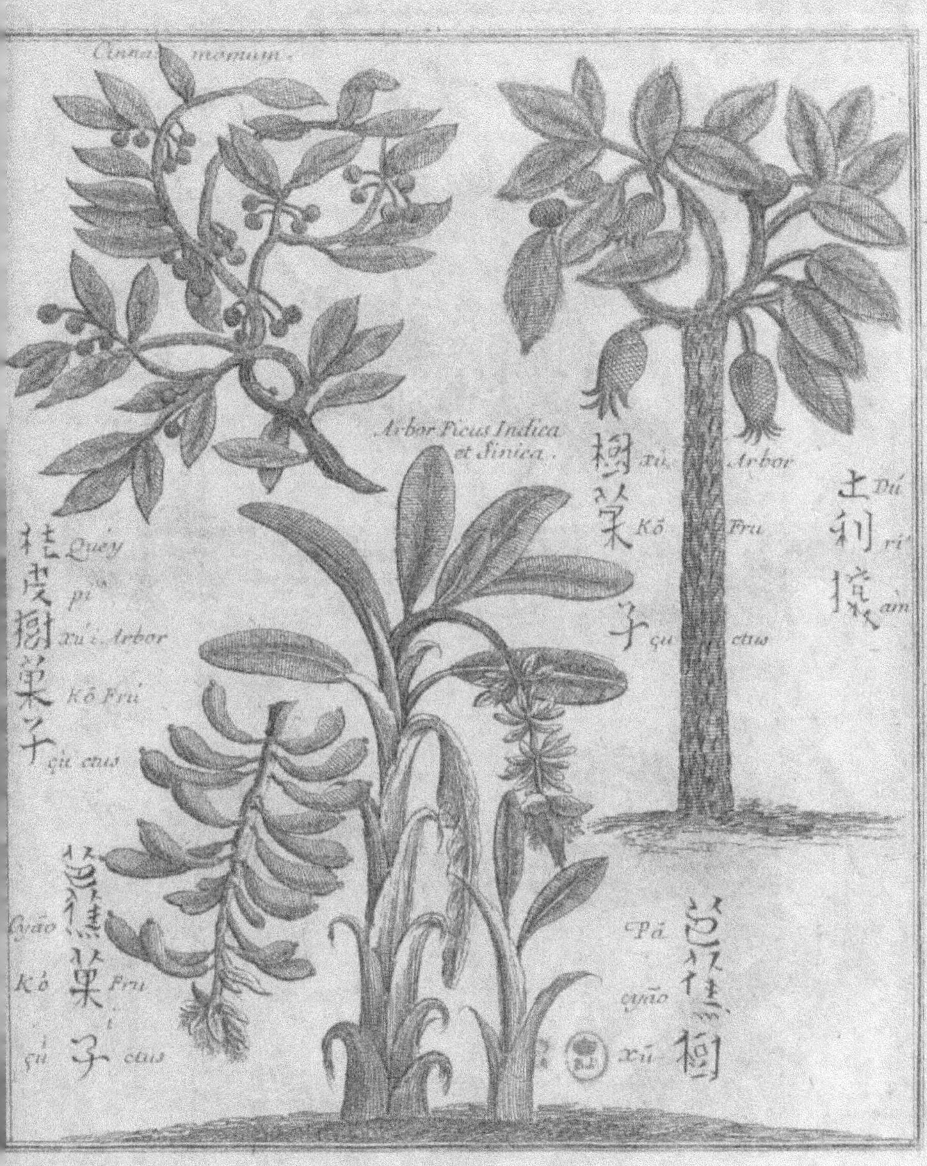

Cinnamomum
Arbor Ficus Indica et Sinica
Quéy pi xú Arbor kô Fru çiū ctus
cyáo kô Fru çù ctus
樹棠子 xú Arbor kô Fru çù ctus
土利撩 Dú ri an
Pā cyáo xū

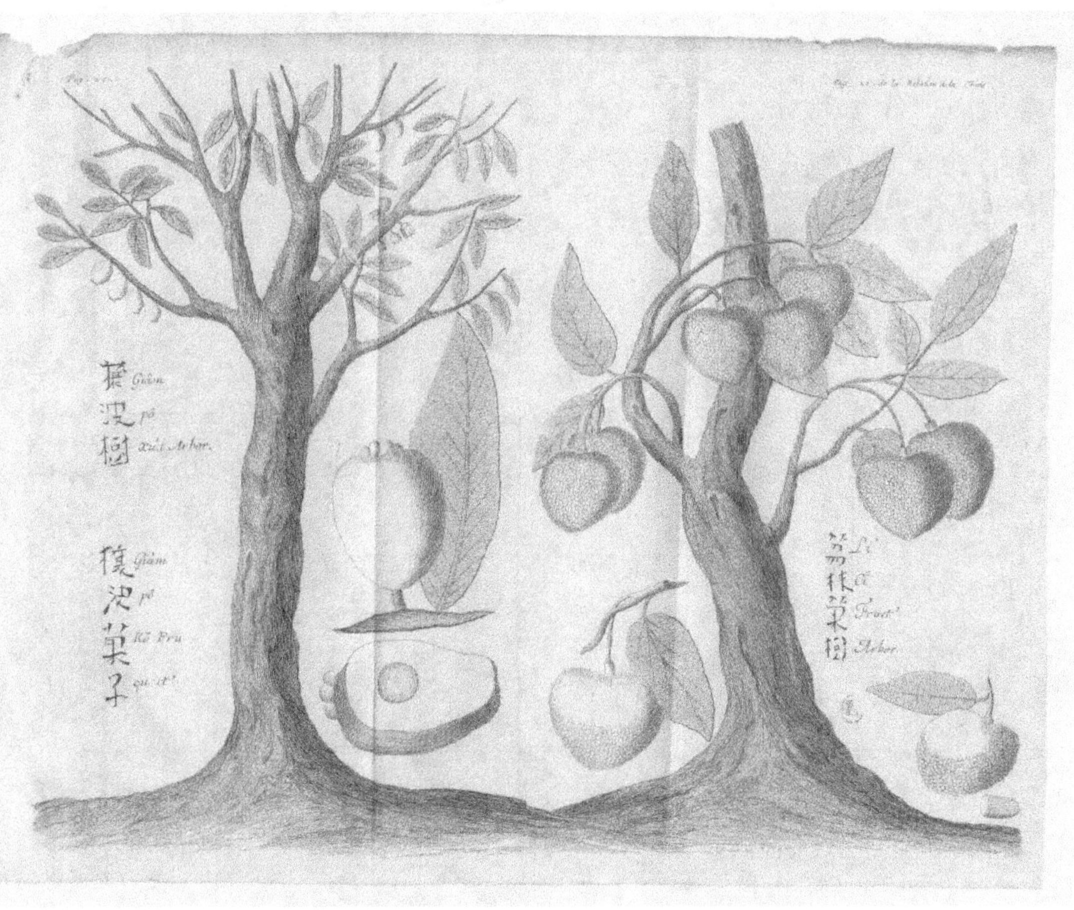

Guàn
pò
xùi Arbor.

Giàm
pò
Kò Fru
quit.

Li
a
Fruct.
Arbor.

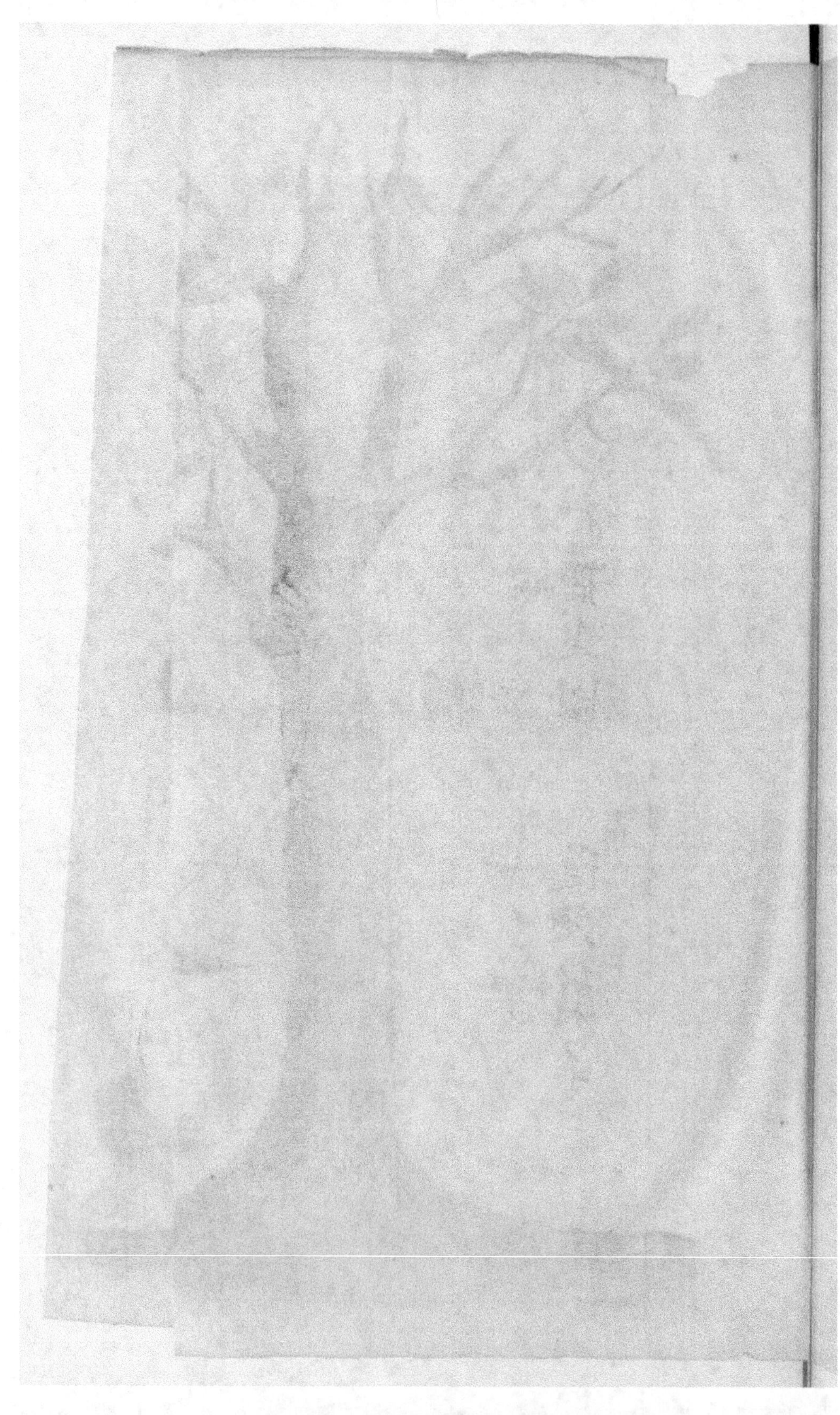

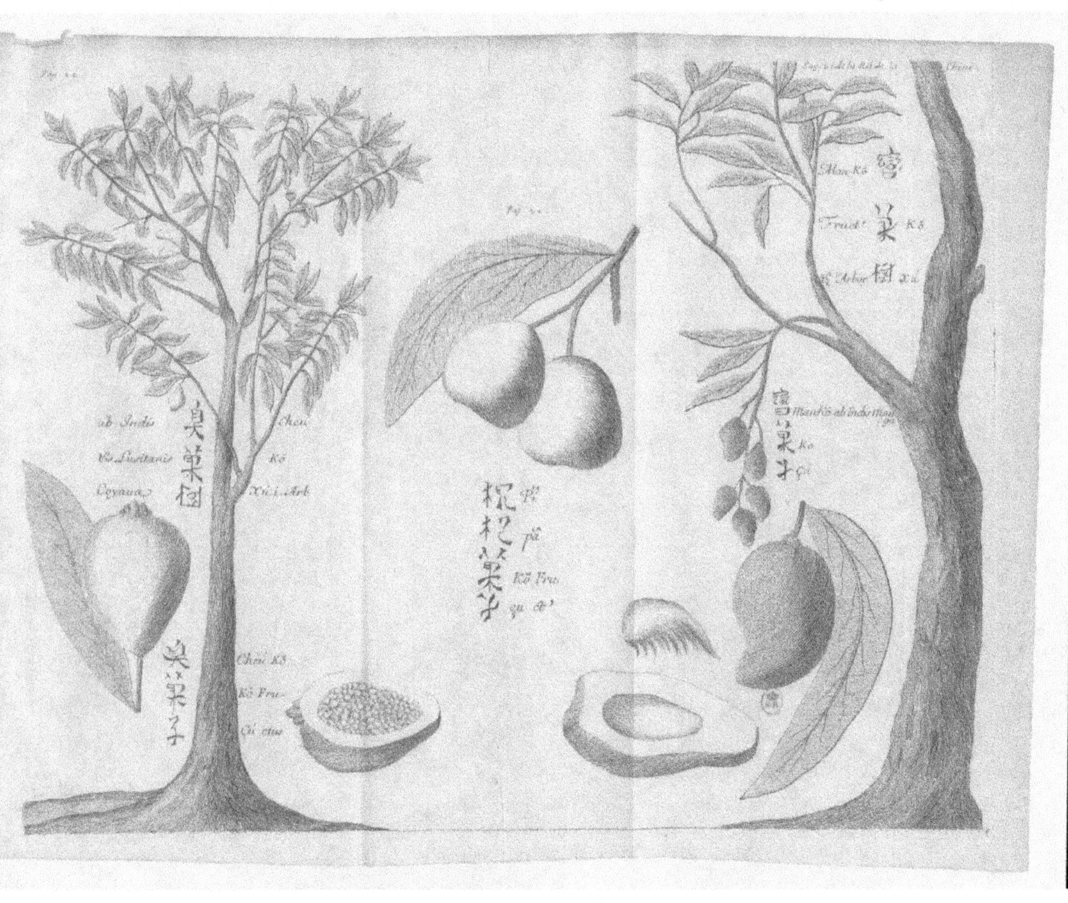

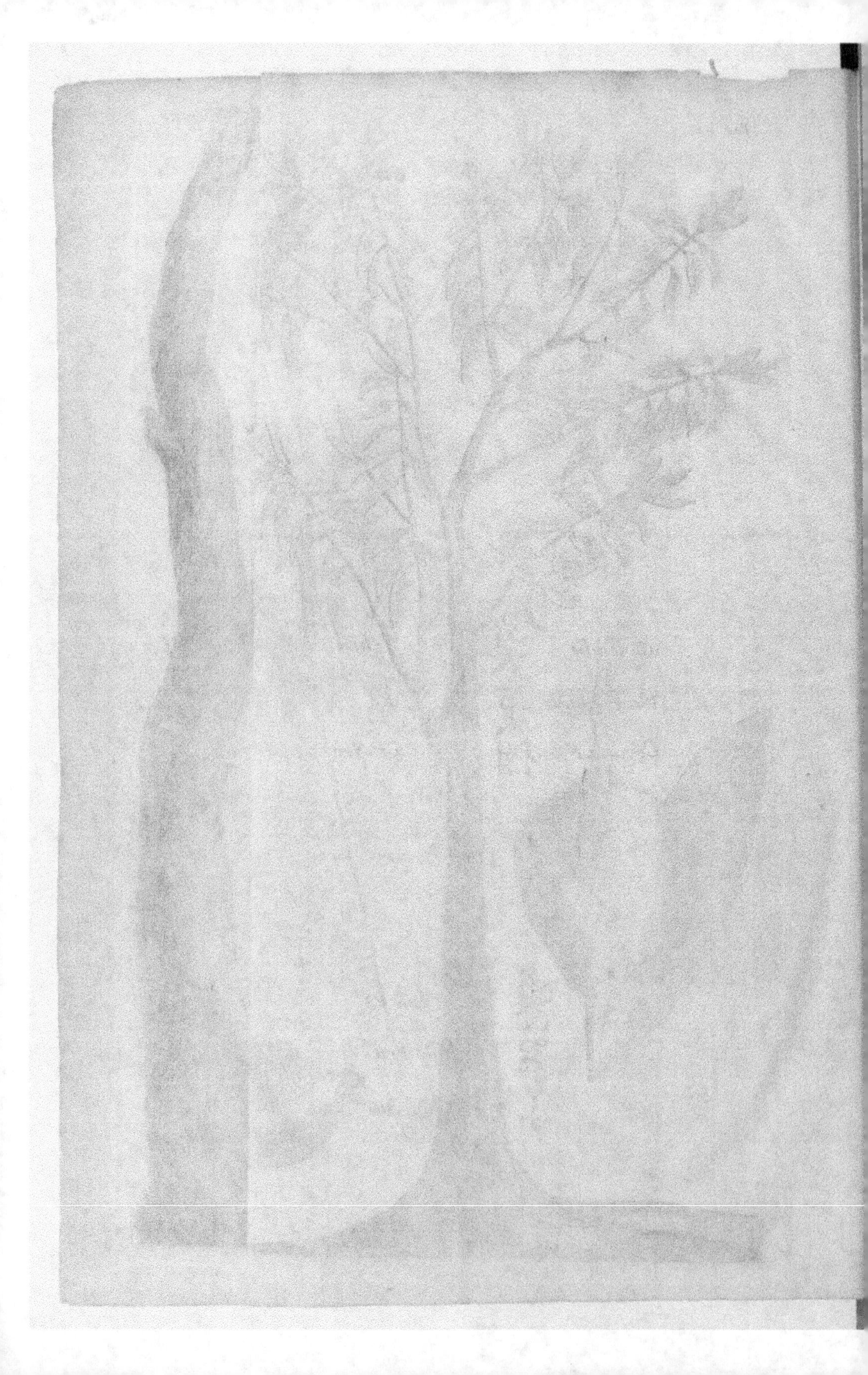

柿
軟
樹
Sù
pin
ar. Arbor
亞
大
菜 リ十
Yd
ta
Kia Tsai
ch chut
亞
大
樹
Ya
ta
ar. Arbor

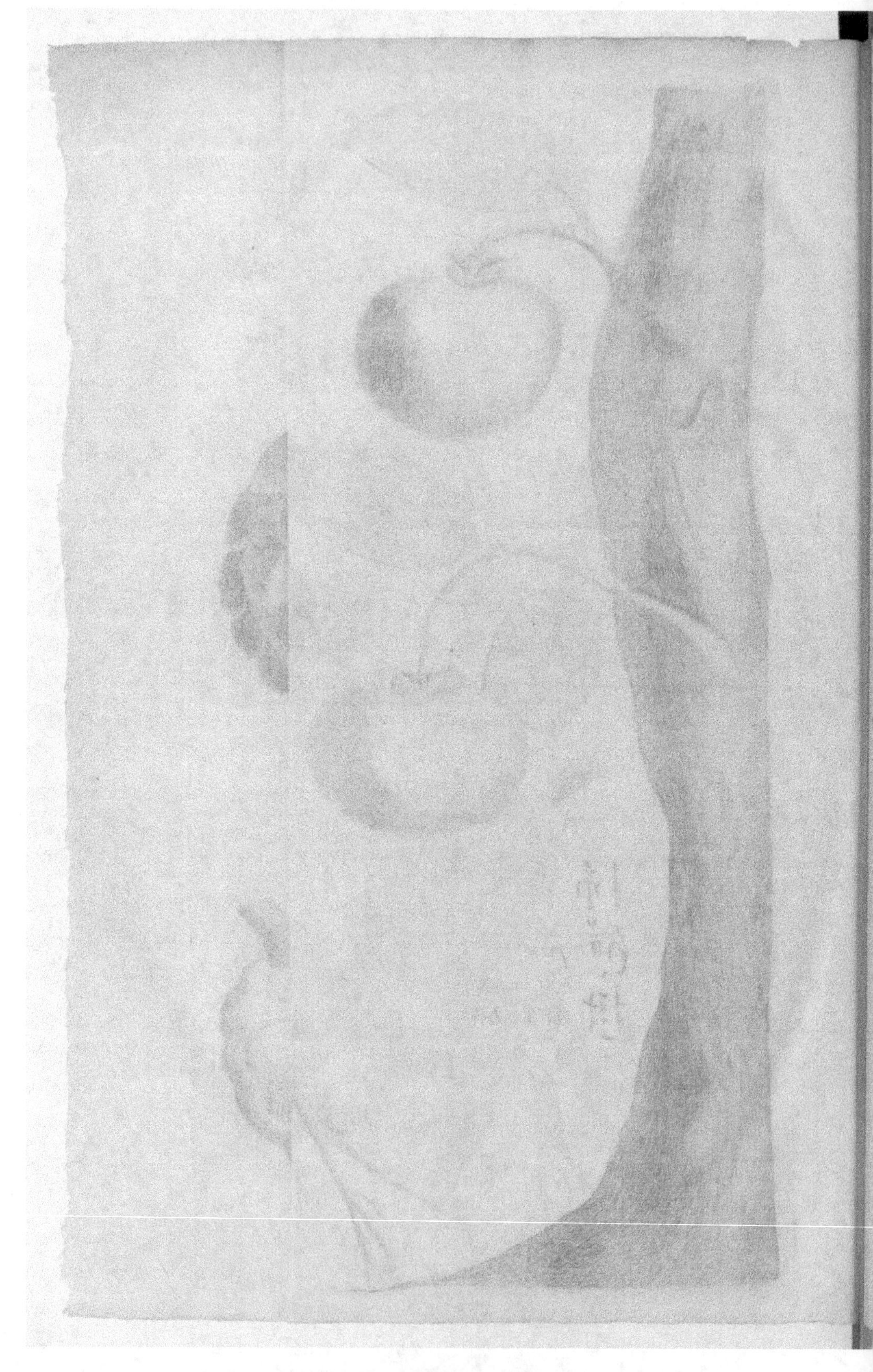

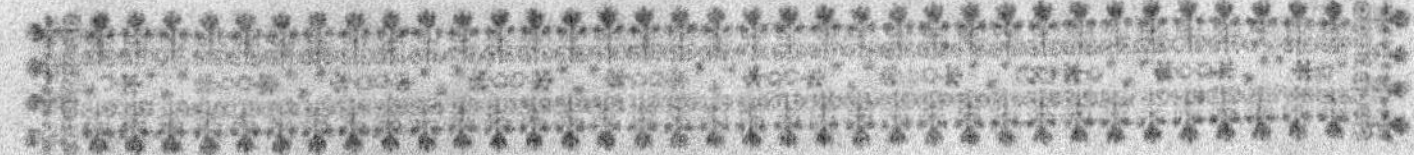

FLORA SINENSIS.
OV TRAITE'
DES FLERVS, DES FRVITS,
DES PLANTES, ET DES ANIMAVX
particuliers à la Chine.

Par le R. P. MICHEL BOYM Iesuiste.

AV LECTEVR.

*L*A *verité mesme qui est Iesus-Christ dit dans sainct Matthieu, que l'on connoist les faux ou les veritables Prophetes par leurs ouurages, comme l'on distingue les bons arbres d'auec les mauuais par leurs fruits.*

Il semble que l'on doiue iuger de mesme de la bonté des pays, & que selon qu'ils produisent de bons ou de mauuais arbres, l'on ne se trompe guieres à iuger par là de leurs qualitez, c'est par cette raison que ie presente icy à mon Lecteur les plus curieux fruits des Indes Orientales & de la Chine; mais ie luy dois faire remarquer que la pluspart des arbres & des plantes de nostre Europe, ne peuuent profiter dans les Indes, & degenerent tousiours lors que l'on les y transplante: les laituës mesme qui viennent si aysement chez nous, degenerent à vne autre plante, comme si la force de cette partie de la terre, qui est entre les deux Tropiques étouffoit la vertu prolifique de la plante. Mais la terre de la Chine a cet auantage que non seulement elle a des arbres qui luy sont particuliers, mais qu'elle produit aussi ceux des Indes, & auec cela beaucoup de ceux de l'Europe. Ce qui vient de la grande estenduë de cet Empire, composé de quinze Royaumes : aussi ont ils des fruits tout l'hyuer ; car dans ceux qui sont les plus auancez vers le Midy, les fruits meurissent aux mois de Nouembre, de Decembre, de Ianuier & de Feurier; l'on transporte ces fruits nouueaux en grande diligence aux autres Royaumes qui en manquent dans cette saison, & par vn semblable commerce les Chinois ont toute l'année des fruits nouueaux, la diuersité de ces fruits me paroissoit admirable, mais i'estois encore plus estonné de la differente maniere dont les arbres de la Chine les portent ; dans l'Europe, ils les portent tous sur leurs branches, & les arbres qui nous sont communs auec les Chinois, comme les pruniers, les abricotiers, & les pechers, les portent de mesme: la Chine en a vn qui porte son fruit au tronc de l'arbre,

si pesant au reste que c'est tout ce que peut faire vn homme que de le porter:
les Portugais l'appellent Giaka, à cause des pointes dont il est armé: les Chi-
nois l'appellent Po-lo-mie, il y en a qui au lieu de branches iettent de grandes
feuilles du haut de leurs tronc & des fruits d'vn goust tres-agreables, sembla-
bles à nos melons: il en croist vn autre dans l'Isle de Hay-nan dans la Prouin-
ce de Quam tum, qui ne porte point de fleurs, dont les fruits croissent at-
tachez à sa racine d'vne figure semblable à nos figues, mais qui rougissent
quand ils commencent à meurir; ie n'en sçay point le nom, mais cette ma-
niere de porter des fruits est bien opposée à celle de tous nos arbres de l'Europe,
comme aussi la maniere dont se forme le noyau d'vn arbre qu'ils appellent
Ka-giu; car il n'est point enueloppé de la chair de son fruit, & il vient
à vn des bouts du fruit: cette varieté fait voir la presomption de nos sçauants,
qui ont voulu borner le pouuoir de la nature, & luy prescrire des reigles
d'agir conformes aux obseruations qu'ils auoient faites sur vne aussi petite
partie de la nature qu'est le pays qu'ils habitent; la consideration de cette
grande varieté qui fait si bien connoistre la presomption des hommes, leurs doit
en mesme temps eleuer l'esprit à la contemplation de la Toute-puissance de Dieu,
qui est infiniment au dessus de tout ce que les hommes en peuuent penser. Outre
les manieres de multiplier les fruits que nous auons, les Chinois obseruent enco-
res, lors qu'ils les veulent semer, d'enterrer tout le fruit qui contient la graine,
& de replanter aprés les diuers iets qui en prouiennent: pour le Papaya ils en
plantent les feüilles, qui en peu de temps deuiennent de grands arbres; lors qu'ils
veulent multiplier les arbres, ils en couchent les branches en terre, comme l'on pro-
uigne le sarment des vignes; ils obseruent soigneusement le temps auquel le
Soleil entre dans le quinziéme degré d'Aries, croyant que ce qui a esté planté
dans ce temps-là profite mieux qu'en tout autre: ils le pratiquent ainsi lors
qu'ils couchent en terre les branches du Goyaua, qui profitent merueilleusement
en peu de temps; ils ont aussi vne maniere d'anter les fleurs qui leur est par-
ticuliere, & qui fait venir quelquefois trois ou quatre differentes fleurs sur vne
mesme tige. I'ay crû deuoir inserer icy principalement les figures des plantes,
qui sont particulieres aux Indes & à la Chine, & qui ne sont point décrites
dans la pluspart des herbiers, & ie l'expose icy à mon Lecteur, auquel ie
souhaitte fort qu'elles puissent plaire.

Des Prouinces de la Chine & de l'excellence de ce pays par dessus
tous les autres.

L'Empereur Xun auoit autrefois diuisé toute la Chine en douze grandes Prouinces, elle a esté depuis diuisée en quinze, six desquelles touchent à la
Mer, & sont Peking, Xantung, Kiangan ou Nanking, Chekiang, Fukien,
Quantung, les Prouinces de *Quangfi, Kiangfi, Huquang, Honan, Xansi, sont
vers le Nort, Xensi, Suchuen, Queicheu, Yunnan, tirent plus vers l'Occident,
la Chine a encore le pays de *Leaotung, qui est au couchant de la Prouince de
Peking, & c'est dans cette partie de la Chine que commence cette fameuse
muraille,

Marginal note: * Quangfi & Kiangfi sont au Sud & Huquang vers le milieu des Prouinces de la Chine *Leaotung est au Leuant de Peking.

muraille, les Isles de Hainan, Lienhen ou Isle Formose, Cheuxan, dependent
aussi de la Chine auec vn si grand nombre d'autres petites Isles le long de ses
costes, qu'il semble qu'elles ne soient point separees les vnes des autres, & qu'elles
fassent vn autre continent.

La Chine est vn abregé du monde, car elle contient tout ce qu'il y a de plus
beau dans le reste de la terre habitée, elle a dans ses parties Meridionales tous
les fruits & toutes les delices des autres pays qui sont vers le Midy, & dans
les autres Prouinces qui sont vers le Nort, tous les auantages de ceux qui
sont dans cette situation, son ciel est temperé, la terre par tout extremement fer-
tile, la Mer & les riuieres semblent ne l'arrouser que pour l'enrichir, elle doit
infiniment à la nature, mais d'ailleurs ces auantages ont esté si bien cultiuez,
qu'il semble qu'elle ne doiue pas moins à l'esprit & à l'adresse de ceux qui
l'habitent.

YAY-CV.

*La Palme de Perse & celle de la Chine ou des Indes, autrement
le Cocos.*

LE Palmier qui produit les dattes & qui vient esgalement bien en Perse,
aux Indes & en la Chine, est de deux sortes, le masle & la femelle. Ils portent
tous deux des fleurs, mais celles de la femelle seules se conuertissent en fruits,
pourueu qu'ils se trouuent plantez l'vn proche de l'autre, car autrement la femelle
mesme ne floriroit point, ceux qui les cultiuent iettent les fleurs du masle sur celles
de la femelle & par là la rendent prolifique. On appelle dattes les fruits que l'on
cueille auparauāt qu'il soient meurs, ils sont plus durs que ses autres qui ont demeu-
ré plus long-temps sur les arbres, ils appellent les derniers Tamara. Les Palmiers
que nous auons en Italie, ne portent point de fruits à cause qu'on n'y apporte pas
cette diligence, & si aprés quelques années quelqu'vn de ces arbres y a fleury,
cela est venu de ce que l'arbre est paruenu à vne certaine hauteur de laquelle il a
pû découurir quelqu'autre Palmier. Il n'y a point de cette sorte de Palmiers dedans la Chine, où ie crois neantmoins qu'il viendroit fort bien : on tire du vin,
du miel & du sucre de ces fruits, qui seruent aussi de medecine & purgent quand
on en mange en abondance. Les Indes & les Prouinces Australes de la Chine ont
le Cocos, qui est vne autre sorte de Palmier : il est certain que l'on en pourroit
faire venir ailleurs en les semant, car cet arbre ne se peut anter, mais ie douterois
fort qu'il portât du fruit hors du pays où il vient naturellement, il y a mesme des
endroits où il vient naturellement, sans toutefois porter du fruit, principalement
dans des pays de sable, dans les deserts & le long du bord de la Mer. Ces deux
sortes de Palmiers ont les feuilles de mesme figure, les racines semblables, & sont
toutes deux également hautes : le Cocos vient mieux quand il est cultiué, principalement si on luy met au pied, du fumier de vache, ou quelque terre legere : ordinairement la septième année qu'il a esté planté il porte fruit ; si vous couppez les
fleurs de cet arbre de la branche qui les portoit, & que vous y attachiez à la pace
vn vaisseau pour receuoir ce qui en découle, vous en recüeillerez vne liqueur
fort agreable au goust qui distille de cette branche, comme du bec d'vn alambic,
ils appellent cette liqueur surra, ils la distillent & en tirent vn vin qui a beaucoup de force, ce vin brusle comme de l'eau de vie & se transporte par toutes les
Indes ; mais ce Palmier dont on a ainsi couppé les branches, ne porte plus de Cocos, & pour le distinguer de l'autre, ils l'appellent palma de sourra. Celuy auquel
on laisse porter le Cocos pousse d'autres fruits, aussi tost que l'on a osté ceux
qui sont meurs, le fruit est plus gros que la teste d'vn homme : l'escorce en est

verte, il n'est pas rond, mais à trois arrestes: si vous le cueillez lors qu'il est encor tendre, l'écorce en est verte, cette écorce a vne chair blanche, & au milieu vn noyau qui approche asses de la grandeur & de la figure d'vn œuf d'Austruche: il est plain d'vne eau fort douce, qui est vne boisson d'vn grand secours dans les chaleurs excessiues de ce pays-là. Les Portugais appellent ces Cocos Lania, si on laisse meurir entierement le fruit sur l'arbre, sa premiere écorce, qui est verte au commencement, comme nous auons dit, deuient de couleur de chataigne, & cette poulpe ou chair qu'elle enferme, se change en vn tissu, que les Portugais appellent Cairo; ils en font des cables, qui seruent dans leur plus grands Vaisseaux: pour ce qui est du noyau, qui est la partie du fruit qu'ils appellent proprement Cocos, on trouue qu'il est plain d'vne moüelle blanche comme la neige, & douce comme des amandes, auec fort peu d'vne eau vn peu aigrette, dont ils se seruent quelquesfois au lieu de vinaigre: de cette amande ils tirent de l'huile, vne espece de sucre, qu'ils appellent giagra, & du vin qui prend feu comme l'eau de vie; ils font des cueilliers des pieces du noyau. Dans l'isle d'Aynam en la coste de la Chine, ils en font des escuelles aprés auoir enchassé d'or le bord de ce Noyau; aux Indes & principalement dans les Maldiues, ils font leurs vaisseaux de ces Palmiers, leurs feüilles leur seruent à faire des voiles, des paniers, & ils ne se seruent point d'autres tuilles pour couurir leurs maisons; ainsi de toute cette plante il n'y a que la seule racine dont on ne tire point d'vsage, & elles font la plus grande richesse du pays. Au Maldiues on trouue de petits Cocos, qu'ils disent estre produits au fond de la Mer, mais il y a plus d'apparence de croire qu'ils viennent de l'arbre que nous venons de descrire, & qu'ayant esté long-temps battus dans la Mer, ils acquierent cette dureté que n'ont pas les autres; quoy qu'il en soit, c'est la chose du monde que ces peuples estiment dauantage, persuadés qu'ils font que c'est vn trespresent remede contre toutes sortes de venins, & que c'est le plus grand cardiaque que l'on puisse trouuer, si on boit auec de l'eau ce qu'on en a rappé, Ie n'en mets point icy la figure à cause qu'elle se trouue dans tous les herbiers

PIM-LAM.

De l'Areca & du Betel.

SI l'Areca n'auoit point les feüilles plus larges que le Palmier, & le tronc plus haut & plus mince, il luy ressembleroit assez, car il pousse comme le Palmier vne branche chargée de fleurs du milieu de ses feüilles, le fruit a la figure d'vn œuf de couleur verte, de la grandeur d'vne noisette; la chair de cette noisette est de la couleur de nos ongles, & quand elle est bien meure on y remarque des petites vaines rouges.

Pour le Betel sa feüille est toute semblable à celle du poivre, elle est aromatique & a la proprieté de corriger les cruditez de l'estomac: il rampe comme le sarment, & a besoin de quelqu'autre plante sur laquelle il se puisse attacher. Aux Indes Orientales & aux quatre Prouinces Australes de la Chine, le Betel meslé auec l'Areca, est en grandissime vsage: ils en portent tous dans des petits sacs & s'en presentent les vns aux autres: aux Tunquin toute la conuersation commence par là, & on n'entre point en matiere que l'on n'ayt donné & receu de l'Areca. Les plus riches qui craignent d'estre empoisonnés par cette drogue, ce qui se fait assez souuent, reçoiuent bien de celuy qu'on leur presente; mais ne mangent que de celuy qu'ils ont fait preparer & mesler auec de la chaux viue, & des escailles d'huitres bruslées: dans l'Indostan à Cochin; & dans les Estats du Mogol au lieu d'huitres, ils se seruent de perles calcinée, ils en frottent la feüille du Betel, ils en font vne enueloppe qu'ils emplis-

sent de la moüelle de l'Areca, qui est dure ou molle, selon qu'elle est fraî-
chement cueillie, ils tiennent dans leur bouche cette composition qui fait vne de
leurs delices, d'abord il en sort vn suc rouge comme du sang qu'ils crachent, mais
sur la fin ils auallent ce qu'ils en succent, & quand ils n'en tirent plus de suc, ils re-
iettent l'Areca & la feuille, ils asseurent qu'il n'y a rien de plus propre pour fortifier l'estomac, il est vray que ceux qui s'en sont seruis quelque temps ne s'en sçau-
roient plus passer, & que le iour qu'ils en ont pris leurs leures paroissent teintes
d'vn rouge fort vif, les Medecins employent aussi l'Areca dans leurs medecines,
on en porte beaucoup au Iappon & en d'autres pays où cette plante ne croit
point, Ie n'en mettray point icy la figure à cause qu'elle est dans la pluspart
des herbiers.

FAN YAY CV, ou le PAPAYA.

LEs fruits & l'arbre que les Indiens appellent Papaya, est appellé Fan yay cu
dans la Chine, il y en a vne grande abondance dans l'Isle d'Haynam habitée
par les Chinois & dans celle de Iunnam, Quam-fy, & dans les Prouinces de
Canton & de Focien qui sont vers le Midy; cet arbre porte beaucoup de fruits
attachez à son tronc, qui est fort poreux, il n'y a point de ces fruits qui ne
soient plus grands qu'vn grand melon, la chair en est rousse, d'vn goust tres-agreable, si molle au reste, que l'on en peut prendre auec vne cuillier; l'on croit
que la qualité de ce fruit est froide, & qu'elle est contraire à la generation & au
plaisir des femmes si l'on en mange beaucoup; il se multiplie de la semence
de son fruit lors qu'il tombe, & des reiettons qu'il pousse à ses racines; l'on
voit souuent sur le mesme arbre des fleurs ouuertes semblables à nos Lis, des bou-
tons, des fruits encore tous verds, & d'autres qui sont iaunes & tout à fait meurs,
il a cela de particulier qu'il ne pousse point de branches, mais seulement des
feuilles qui naissent au haut de la tige, au mesme endroit d'où elle pousse ses
fleurs blanches & ses fruits; elle meurit en tout temps, l'on en peut auoir des
fruits meurs tous les mois de l'année; il est neantmoins vray que la pluspart des
fruits des Indes meurissent au mois de Decembre & au mois de Ianuier; si vous
plantez vne feuille ou quelque partie de son tronc, il prend racine facilement,
croit de mesme & deuient vn grand arbre en peu de temps; la veuë de ces arbres,
de leurs feuilles & de leurs fruits, est tres agreable.

PA-CYAO,
ou *Figues des Indes & de la Chine.*

LE tronc de la figue des Indes est vert & fort gros, n'est point solide ny balueü
cōme les autres, mais semble composé de plusieurs autres feuilles qui s'enuelo-
pent les vnes sur les autres; il a beaucoup de sene, ses feuilles sont d'vn vert clair,
ont iusques à neuf palmes de lōg & deux & demy de largeur; pousse qu'vne branche
chargée de fleurs du milieu de ses feuilles, il s'en forme vne grappe, dans laquelle
on contera quelquefois plus de mille figues; c'est tout ce que peut faire vn hōme de
porter vne de ses branches; ces figues ont la figure d'vn petit concōbre, & sont plus
ou moins grosses selon la force de la branche qui les a portées; la peau en est iaune,
la chair en est molle, douce, blanche, auec quelque odeur, & ont le goust de fraises
confites dans du sucre; si l'on couppe le fruit par sa largeur on y trouue vne croix
semblable à celle qu'ont les concombres; ils couppent souuent ses branches auec
les fruits encore tout verds, & les pendent dans leur maisons où le temps les fait
meurir, & quelquefois ils les content de ris, d'autres les font meurir en les couurant de chaux; quand elles sont cuittes dans du miel ou du sucre, & qu'on les

fait secher aprés, elles sont fort propres aux personnes coleriques & flegmati-
ques, les feüilles seruent de remede à ceux qui sont d'vn temperament aduste.
Ce fruit se trouue toute l'année dans les Indes, & dans les prouinces meridionales
de la Chine; car quoy qu'il croisse aussi dans celles qui sont vers le Nord, il n'y
porte point de fruit: l'arbre ne fleurit qu'vne fois l'an, on le peut multiplier par
le moyen de la graine, mais plus aysément par les reiettons qu'il pousse de son
pied; car au bout de six mois ils portent du fruit: Au Bresil ils l'appellent Bana-
nes, en Sirie & à Damas ils l'appellent Musa, c'est plutost vn arbuste qu'vn arbre,
quand on a couppé la branche qui porte le fruit, la plante se seche, on l'arrache
& on la donne ordinairement aux Elephans: quoy qu'en six mois de temps la
plante produise son fruit & qu'il meurisse, il y en a tousiours de meurs en toute
saison dans les Indes, à cause qu'ils se succedent les vns aux autres.

KIA-GIV, ou KAGIV.

LE Kia-giu ou Kagiu ne croit point dans la Chine, mais bien dans les pays qui
autrefois en dependoient, ie ne doute point qu'il ne vint aysément dans
Iunan, dans Quam-si, & dans les Isles de la Chine si on l'y plantoit: l'arbre
en est grand, les feuilles fort belles & tousiours vertes; le fruit est iaune,
quelquefois rouge, a de l'odeur lors qu'il meurit, mais le suc de son fruit est acre,
& prend au gosier lors qu'on le mange: il donne deux fois son fruit dans vne
mesme année, & c'est vne curiosité de voir qu'aprés qu'il a poussé ses fleurs, il pousse
son noyau ou semance, & aprés sa pomme, qui conforte l'estomach, lors que l'on
en mange auec du vin ou du sel: le noyau est au dehors de la pomme, vne pelure
iaune enferme la chair de ce fruit, qui est blanche, assez dure, & a le goust de
chataigne ou d'amande, lors qu'on la fait rostir; aussi les Indiens & les Portugais se seruent-ils de ces noyaux au lieu d'amandes, lors qu'ils font des dra-
gées. Les mois de Feurier, de Mars, d'Aoust & de Septembre, sont les temps de
sa maturité.

LI-CI & LVM-YEN.

L'On ne trouue point ailleurs que dans les Prouinces Australes de la Chine,
les fruits qu'ils appellent Li-ci & Lum-ien: la pelure du fruit appellé Li-ci ressemble à la pomme de pin; mais au contraire la peau du Lum-ien est fort deliée &
fort liée, l'vn & l'autre de ces fruits a le goust de fraises & de raisins. Les Chinois
des Prouinces Australes font seicher ces fruits, & les transportent durant l'Hiuer
en d'autres Prouinces: il font aussi vn vin fort agreable de l'vn & de l'autre;
ils meurissent au mois de Iuin & de Iuillet, la poudre de leurs noyaux est
en vsage dans leur medecines; si ces fruits sont sauuages, leurs noyaux sont gros
& ont fort peu de chair tres-aigrette, mais au contraire lors que l'on les a trans-
plantez, les noyaux par la culture en deuiennent beaucoup plus petits, & ont dauantage de chair douce, qui est de la couleur de nos ongles: l'on les arrose d'eau
salée, lors qu'ils ont esté cueillis pour les faire durer plus long-temps, car estant
preparez de la sorte, lors qu'on les pele aprés on leur trouue le mesme goust que
s'ils venoient d'estre cueillis: l'on tient que le Li-ci est froid de sa nature, & que
le Lu-mien est d'vne qualité plus temperée.

GIAM-BO.

IL y a deux sortes de Giambo, celuy qui porte son fruit rouge ou blanc vient
dans les Indes; mais celuy qui tire plus sur le iaune, & qui sent la rose, croit à
Malaca, à Macao, & dans l'Isle de Hiam-Xam, qui depend de la Chine: la pre-

niere de ces especes, porte ses fleurs de couleur de pourpre, & la derniere les porte iaunes, tirant sur le blanc; son tronc & les branches sont de couleur de cendre, ses feuilles sont belles & lices, ont huict poulces de long, & trois de largeur son fruict est de la grandeur de nos pommes, d'vne qualité fort froide, & est composé d'vne chair blanche & spongieuse, que l'on ne peut pas dire entierement aigre, ny tout à fait douce: l'on voit en mesme temps, sur vne mesme branche des fleurs, des fruits verts, & d'autres qui sont tout à fait meurs: ils ont accoustumé de les manger au commencement de leur repas, mais sur tout ils en trouuent l'vsage fort propre, pour esteindre la soif, durant les chaleurs, qui sont extraordinaires. Ils sont par la mesme raison fort propres pour les fievres, & pour les maladies coleriques: l'on en fait d'excellente conserue dans les Indes, au lieu du pepin, il a vn noyau rond, dont la chair est verte, dure, & couuerte d'vne pelicule; le fruit est agreable à la veuë, celuy de la premiere espece est, ou tout à fait rouge, ou tout à fait blanc, ou moitié blanc & moitié rouge; mais l'autre espece, qui tire sur le iaune enferme deux noyaux, ou plutost vn noyau qui est separé en deux: outre cette difference, il a encore vne couronne semblable à celle qui est sur les Grenades, & a l'odeur d'vne roze: la chair en est fort douce, & fort poreuse, le iaune se mange en quelques endroits au mois de Mars, & en d'autres au mois de Iuillet, pour ceux de la premiere espece, leur vray temps est le mois de Nouembre & de Decembre.

FAN-PO-LO-MIE, ou l'ANANAS.

L'Ananas croist dans les Prouinces de Quam-tum, Quam-sy, Iunnan, Focien, & dans l'Isle d'Haynan, si toutefois cette plante n'y est point estrangere, & n'y a esté transportée du Bresil; les feuilles & la racine ressemblent beaucoup à celles de l'artichaut: auparauant que son fruit meurisse l'on y remarque vne grande diuersité de couleurs, mais il est d'vn iaune meslé de quelque rougeur lors qu'il est meur; il porte peu de graine, les grains en sont noirs, ou pour mieux dire les pepins: car ils ressemblent beaucoup aux, epins d'vne pomme: il se multiplie par la graine, par sa tige, par les reiettons qu'il pousse de sa racine, & mesme il vient bien en des feuilles qui se vusent au haut de son tronc, car estant plantées elles prennent racine & portent fruit dés la mesme année: le fruit a vn palme & demy de longueur, la chair en est iaune, spongieuse & pleine de suc; il sent fort bon lors qu'il est meur, est doux au goust, mais d'vne douceur qui est meslée de quelque acide: ils disent que ce fruit est extremement chaud, & se fondent sur ce que son suc corrode & mange le fer, comme si le ius de citron, qui est si rafraichissant, ne faisoit pas la mesme chose; pour moy ie crois tout le contraire, & i'ay éprouué que l'on le donne auec succez dans les fievres: aux Indes & chez les Caffres il est meur dans les mois de Feurier & de Mars & en la Chine, en Iuillet & en Aoust: l'on en fait vne excellente conserue, mais qui ne retient pas tout le goust de son fruit, c'est selon mon goust & à mes yeux le plus beau & le meilleur fruit des Indes.

MANKO ou le MANGA.

IL y a plusieurs especes de ce fruit dans Indes, le plus grand pese quelquefois iusques à trois liures, principalement s'il a esté greffé sur le cedre, qui luy donne son odeur, & cette peau froncée que l'on voit dans les poncis: ils n'ont pas dans les Indes cette diuersité d'antage qui se pratique chez nous, & ne connoissent point d'autre maniere que de couper vne branche du Manga, de la ioindre contre vne autre du sauuageon, sur lequel ils le veulent anter, & de les entourer de terre detrempée auec de l'eau; cette branche ainsi jointe porte ses fruits iaunes, verts & rouges: ils en font de la conserue lors qu'ils ne sont pas encores meurs:

ils les salent quelquesfois ; & estant preparez de la sorte ils ont le goust du verjus : leur chair est douce lors qu'ils sont meurs, & de couleur iaune & de pourpre : l'amande de son noyau est fort amere & specifique pour faire mourir les vers aux enfans ; on éprouue aussi que c'est vn bon remede contre le flux de ventre : il meurit aux mois d'Auril & de May, & se peut conseruer iusques en Nouembre; plusieurs le tiennent pour le meilleur fruit du monde. Il croit en grande abondance aux pays Meridionaux.

PI-PA.

LE Pi-pa croît en la Chine, sa verdeur prend vne couleur iaune lors qu'il meurit, d'vn goust semblable à celuy de nos prunes : l'arbre en est fort beau tant à cause de ses feuilles que de ses fleurs : le noyau en est dur & de la figure d'vn œuf; ordinairement on le cueille au mois de Feurier & de Mars, il est d'vn fort bon goust, & ressemble encores aux prunes par sa peau.

CIEV-KO, ou le GOYAVA.

LEs Indiens appellent Goyaua le fruit qui est connu des Chinois sous le nom de Cieu-ko, ceux qui n'y sont pas accoustumez trouuent d'abord qu'il sent les punaises ; mais auec le temps, on trouue qu'il a quelque chose d'aromatique & de fort, & au lieu de cette auersion que l'on en auoit au commencement on y prend goust il resserre & est fort propre à arrester les flux de ventre & à fortifier l'estomac par sa chaleur ; ses noyaux sont durs comme du bois, il en a beaucoup, ils sont ronds & multiplient la plante ; mais elle se prouigne aysément, & l'on en a plustot du fruit par cette voye : ses branches se chargent de fruits, ses feuilles sentent bon, mais si on les frotte trop long-temps, leur odeur se change en vne senteur peu agreable; ses fruits sont bons pour les maladies qui viennent d'vne intemperie chaude : les Portugais l'appellent Pera à cause qu'elles ont la figure d'vne poire; aux Indes il meurit principalement aux mois de Nouembre & de Decembre, mais il s'en trouue toute l'année; à la Chine, vers Macao, on le mange aux mois de Iuin & de Iuillet.

PO-LO-MIE.

LEs Portugais appellent cet arbre Giacca, il a cela de remarquable qu'il ne produit que deux ou trois fruits, qui sortent de son tronc de la figure d'vn œuf, mais qui surpassent en grosseur tous les autres fruits du monde, plus gros que les citrouilles, c'est bien tout ce qu'vn homme peut faire de porter vn de ces fruits, le fruit a des piquans, au dedans il est plain d'vne matiere visqueuse, qui enueloppe des fruits iaunes; il y en a si grand nombre qu'ils peuuent suffire à vingt personnes. Ie ne sçaurois mieux faire entendre la conformation si extraordinaire de ce fruit, qu'en disant que c'est vn sac qui en enferme plusieurs autres pleins de miel, dans lesquels il y a des chastaignes; le noyau qui est represené dans la figure a vne amande du goust d'vne chastaigne; le fruit est encores meilleur que nos melons, la poulpe ou chair qui est la plus dure passe pour la meilleure; les Portugais l'appellent Cocobarca, ils connoissent quand le fruit est meur par son escorce qui s'amollit; tant qu'elle est dure ils le laissent sur l'arbre, ou s'ils le cueillent ils attendent qu'il s'amolisse & soit meur; l'arbre ne porte point de fleur, & les fruits commencent à paroistre au mois de May & de Iuin.

SV-PIM.

LA Chine seule produit ce fruit, il y en a de iaunes comme de l'or, & d'autres couleur de pourpre; les plus gros sont comme nos plus grosses pomes, la chair en est

molle, rouge, & sa peau de mesme elle enferme plusieurs petits noyaux, ce fruit
ressemble aux figues de l'Europe, lors qu'on les seiche ils se conseruent plusieurs
années, & les Medecins Chinois s'en seruent dans leurs medecines, dans les Prouinces de Quam-tum & de Iunkim, il se mange aux mois de Ianuier, de Feurier &
de Mars, mais dans celles qui sont plus vers le Nort, comme à Xensi & à Honan,
il meurit aux mois de Iuin, Iuillet & Aoust, il y a plaisir à voir cet arbre chargé de
ses beaux fruits, mais les oyseaux en sont si friands qu'il le faut garder conti-
nuellement.

YA-TA.

IE mets cet arbre au rang de ceux de la Chine, quoy qu'il y ait esté transporté
de Malaca, car le pays de Malaca a esté autrefois dependant de la Chine, son
fruit au dehors a la figure d'vne pomme de pin, mais l'écorce en est verte, sa chair
ou poulpe est blanche comme de la neige, & plus agreable au goust que le blanc-
manger dont les Portugais sont si frians : ce fruit est diuisé en plusieurs petites
cellules qui enferment chacun vn noyau noir, en des endroits il meurit aux
mois d'Octobre & de Nouembre, aux autres aux mois de Feurier & de Mars, plus
le fruit est gros & plus on l'estime pour sa bonté.

DV-LIAM.

LE Du-liam croit à Iaua, Malaca, Macao & Siam, pays autrefois dependans de la
Chine, son fruit & le tronc de l'arbre qui le porte, est armé de piquans, la premiere fois que l'on en mange il sent les oignons cuits, mais ceux qui y sont accoustumez ne trouuent rien de meilleur, & le trouuent de bon goust, tellement qu'il
est tousiours cher, quoy qu'il y en ayt grande abondance : la chair en est blanche, le
fruit est iaune quand il est meur, le noyau est semblable à celuy du Giacca : on fait
vn fort bon sauon des cendres de ce noyau, ils remarquent que celuy de ces fruits
qui a cinq cellules ou caiot sont meilleurs que ceux qui n'en ont que trois ; ordinairement on l'ouure auec les pieds quand il est meur à cause des piquans
de son écorce, la feüille du Betel est ennemie de ce fruit, car si on les met ensemble, il se gaste aussi-tost, ceux qui se trouuent incommodez d'en auoir trop
mangé, se guerissent de la chaleur & inflamation qu'ils en sentent, s'ils prennent
seulement vne feüille de Betel, il meurit en Iuillet & en Aoust, on porte au loing
la poulpe ou chair de ce fruit, qui ressemble à du lait caillé, & enferme vn
noyau, les feüilles de l'arbre ont plus d'vne demy palme.

Fruit A nomine.

I'Appelle ainsi ce fruit que ie vais descrire, à cause que ie ne me souuiens pas
de celuy que luy donnent les Chinois, ie le vis la premiere fois dans l'Isle
d'Haynam, & aprés dans la Prouince de Quam-tum : cet arbre est fort haut, ses
feüilles fort grandes, & qui couuritoient presque tout vn homme : il a cela de particulier que sa principale racine entrant profondement en terre, les autres racines qui paroissent hors de la terre, portent des fleurs rouges & des fruits semblables à nos figues, qui prennent vne couleur rouge quand ils meurissent : les Chinois ont encores d'autres fruits fort extraordinaires, mais comme ie n'en pourrois
pas donner la figure, & que ie ne les ay pas assez examinez, ie n'ose pas entre-
prendre d'en parler icy ; pour ce qui est des autres fruits des Indes Orientales,
comme le Giangame, le Giamtelame, le Carambole, ils ne meritent pas que
ie m'arreste icy à les descrire.

LE POIVRE.

LEs Chinois appellent le poivre hueyao, il croit dans la Prouince d'Iunnan, & dans les Isles dependantes de la Chine, mais principalement dans l'Isle de Iaua, dans celle de Bornee, & dans les forests ou la coste de Malabar, il rampe, & a son sarment noueux comme celuy de la vigne : de chaque costé de ces nœuds sort vne feuille d'vn vert obscur par dessous, & fort verte de l'autre costé : il pique quand on le met sur la langue : ceux qui le cultiuent croyent auoir remarqué quelque difference de sexe dans le poivre, & que celuy où les nerfs ou fibres des feuilles sont egalement esloignées les vnes des autres, sont les feuilles de la femelle; que les feuilles du masle au contraire ont ces nerfs ou fibres inesgalement disperiez : cependant il est vray que sur vne mesme branche ou sarment de poivre, l'on voit de ces deux sortes de feuilles, celuy qui croit dans les forests est different de l'autre que l'on cultiue dans les iardins, lors que l'on prend le soing de le fumer de fiante de bœuf ou de cendre que l'on met au pied, il croit aussi haut que l'arbre que l'on luy a donné pour le soustenir.

La racine du poivre est fort petite & n'entre pas bien auant en terre, chaque feuille pousse vne grappe; la plus forte grappe porte cinquante grains, & les moindres en ont trente, lors que le poivre est vert il est doux, & est plain d'vn suc fort semblable a du miel, les habitans le confisent tout vert auec du sel & du vinaigre, & en font leurs delices. Le poivre long sert de contrepoison & guerit le mal des yeux, le noir est different du blanc par la feuille, qui a vn goust plus delicat : les feuilles du poivre noir cuites dans l'huile sont bonnes pour la colique, & pour toutes les autres destructions froides de l'estomac. Il y a tousiours des grappes vertes sur le poivrier, elles meurissent aux mois de Decembre & de Ianuier, & les ayant cueillis ils les tiennent au Soleil où elles noirciffent; si l'on le cueille auparauant qu'il soit meur, il ne se garde pas si long-temps sans se corrompre, les grains des grappes du poivre sont tout à fait semblables aux grains de genieure. Le poivre est chaud & prouoque l'vrine, il ayde à la digestion, est resolutif, il esclaircit la veüe, est bon pour la morsure des bestes sauuages. Il ayde aux femmes à se deliurer de leur fruit lors qu'il est mort, & estant meslé auec du miel, il guerit l'esquinancie, si on le prend auec du miel; il arreste la toux, meslé auec des feuilles de laurier il guerit des trenchées, pris auec des raisins secs, il purge doucement la pituite de la teste, & infusé dans du vinaigre, il guerit les apostumes & les duretez de la rate.

LA RVBARBE.

QVoy que la Rubarbe se trouue par toute la Chine, si est-ce qu'elle vient plus communement dans les Prouinces de Sucinen, Xensy, & dans la ville de Socieu, qui est proche de la grande muraille que Marco Polo Venitien appelle Socuir, elle croit dans vne terre rouge & fort humide, les feuilles sont plus ou moins grandes selon la bonté du terroir où elle croit: ordinairement elles sont longues de deux palmes, & vont tousiours en estrecissant iusques à l'endroit où elles naissent de la racine : les feuilles sont bordées de petits poils par leurs bords, elles iaunissent & se seichent à mesure que la plante meurit, & à la fin tombent à terre. La tige de la plante s'esleue bien d'vn pied, est foible & se charge de fleurs semblables à des grandes fleurs de violette; si on les presse il en sort vn suc qui tire sur le blanc, l'odeur en est forte & n'est pas agreable au cerueau : la racine qui est en terre se trouue quelquefois longue de trois pieds, & grosse comme le bras d'vn homme, elle iette de tous costez de petites racines que l'on couppe auparauant que de la diuiser par taleoles, la chair de la racine paroist iaune & semée de petites veines rouges, d'où il sort vn suc iaune & rouge, qui

est

est vn peu gluant. L'experience leur a appris, que s'ils faisoient secher au Soleil ses
Talholes lors qu'elles sont fraichement coupées que la vertu s'en perdroit auec ce
suc gluant que nous venons de dire, & qu'elles demeureroient fort legeres, ils les
estendent par cette raison sur de longues cables, les retournent trois ou quatre fois par
iour afin que le suc s'incorpore mieux, & apres auoir continué cette diligence trois ou
quatre iours, ils les enfilent & les exposent au vent, mais dans vn lieu ou le Soleil ne
donne pas. L'Hyuer est le temps plus propre pour faire la recolte de la rubarbe, auparauant que les feuilles commencent à pousser, car alors toutes les vertus de la plante
sont enfermées dans la racine; elles commencent à pousser au commencement du
mois de May; si on arrache la racine en Esté, & dans le temps que ses feuilles sont encores vertes, comme elle n'est pas encore meure, l'on n'y trouue point ce suc iaune,
ny ces veines rouges, & toute la racine est poreuse & fort legere, & n'approche point
de la perfection de celle qui a esté cueillie en temps d'hyuer. Vne charrée de Rubarbe fraichement cueillie ne se vend qu'vn escu & demy; mais aussi, à peine sept liures
de rubarbe fraichement cueillie donnent-elles 2. liures de Rubarbe seiche, lors qu'elle est fraiche & verte elle est fort amere & fort desagreable au goust; les Chinois l'appellent *Tazhuam*, c'est à dire en leur langue, fort iaune.

KVEIPI, la CANELLE.

LA Canelle se trouue dãs les Prouinces de Quam-tum, de Quam-sy, & de Tunquin,
mais encore en plus grãde, quantité & meilleure, dans l'Isle de Ceilan, nom que les
Chinois luy ont dõné, à cause du naufrage qu'y firent leurs vaisseaux. La feuille de l'arbre qui porte la canelle a 3. nerfs ou fibres vertes, ses fleurs sont blanches & ont vn peu
d'odeur. Son fruict & son noyau ressemble assez à celuy de l'oliue; lors qu'il noircit, al
leur marque le temps de leuer l'escorce de la canelle: Le fruit est plein d'vne liqueur
grasse ou onctueuse, sent le laurier, picque la langue, & est amer: l'arbre porte deux
escorces, la seconde escorce est celle que nous appellons canelle; naturellement elle
est grise mais lors qu'on l'a osté de l'arbre & qu'on l'a sechée au Soleil, elle prend cette
couleur roussastre que nous luy voyons; trois ans apres, il vient vne nouuelle escorce en la place de celle qu'on a ostée; autrefois les Chinois chargeoient la canelle
de l'Isle de Ceilan & la portoient à Ormus, d'autres Marchands la receuoient là, &
la portoient en Alep & en Grece: on croyoit en ce temps-là qu'elle venoit d'Egypte
ou d'Ethiopie où elle ne croit point: on voyoit quelquefois dans le Golphe de Perse
quatre cent Vaisseaux Chinois chargés d'or, de soyries, de pierres precieuses de musc,
de porcelaines, de cuiure, d'alun, de noix muscades, de cloud de girofle, & principalement de canelle: les Marchands auoient donné à cette escorce le nom de Cin-a-
momum, car ces deux mots signifient bois de la Chine, doux & qui sent bon; à peine
conserue-t-il sa vertu vn an durant, la racine de l'arbre est sans goust, sent le cantre,
on distile de l'eau de l'escorce pendant qu'elle est verte & des fleurs aussi, mais elle
n'est pas si aromatique; elle guerit la colique & les ventosités, prouoque l'vrine, for-
tifie le cœur, le foye, la ratte, les nerfs, le cerueau, & fort mesme contre les morsures & le poison des serpents, excite l'appetit, preserue du haut mal, de son fruict
ils font vn vnguent pour les fluctions froides, lors qu'on le brusle, il rend vne odeur
fort agreable: la poudre de canelle beue auec de l'eau guerit les morsures de viperes,
esteint les inflammations internes des reins, & estant employée auec des choses qui a-
mollissent, elle oste les taches du visage.

LA RACINE DE LA CHINE.

LEs Portugais appellent la racine de la Chine Pao de Cina, elle ne se trouue que dans les Prouinces de Yunnan, Quamsi, Quantum, Kaoli & Leaotum, c'est vne plante espineuse qui a des espines mesmes sur ses fueilles : les Chinois mettent dans leurs bouillons à la viande la poulpe ou chair tendre de cette racine, elle est medecinale, & fort bonne contre la Schyatique, les vlceres des reins, les obstructions, la paralysie, l'hydropisie : Ils s'en seruent aussi pour desseicher toutes sortes d'humeurs, elle guerit les douleurs du Perioste : on tient meilleure celle qui pese dauantage, & on estime plus la blanche que la rouge : Ils croyent que la poudre de cette racine auec du sucre est bonne pour la poitrine, & que sa conserue fait le mesme effect. Les Portugais ont esté les premiers qui en ont apporté l'vsage & la connoissance dans les Indes & dans l'Europe l'an 1535. les Chinois l'appellent PE-FO-LIM.

SEM-KIAM, le GINGEMBRE.

LEs feuilles du Gingembre ressemblent à vne plante que les arboristes appellent Litospermon, ou à vne espece d'Asphodelle nommée Hastula Regia, ou pour les comparer à vne chose plus cōnuë, elle ressemble assez aux roseaux les plus communs, il s'en trouue par toutes les Indes, & dans l'Amerique, mais le meilleur vient en la Chine : on estime dauantage celui qui est vert toute l'année, sa racine se conserue plus lōgtemps si on la cueille au mois de Decembre & de Ianuier, & si on la couure de terre detrempée ; car cet enduit empéche que son humidité ne s'euapore, outre que si on n'y apporte cette diligence ses pores se remplissent de vers : Ils n'estiment pas celle qui est amere, & qui a beaucoup de feuilles, ils s'en seruent dans leur medecine, & quand ils veulent faire suer leurs malades, ils leur donnent vne decoction fort chaude de cette racine : ils croyent mesme que de la porter sur soy c'est vn remede cōtre la goutte, & que ceux qui en ont pris le matin à jeun, ne peuuent point estre empoisonnez ce jour-là. Ils en font communément de la conserue, qui est vn remede éprouué contre les fluxions froides du ventricule.

FVM-HOAM, ou l'OYSEAV DV ROY.

LEs Chinois ont vn oiseau d'vne rare beauté, quand ils sont long-temps sans le voir ils apprehendent quelque fascheux euenement dans la famille Royalle, le masle s'appelle *Fum*, la femelle *Hoam* : il fait son nid dans les montagnes du Royaume de Tan, que l'on appelle maintenant *Leaotum*, il a la teste semblable au Paon : les Poëtes Chinois se sont imaginez que son dos represente les Vertus, ses ailes la Iustice, ses costes l'Obeïssance, & que tout son corps estoit vn symbole de la fidelité. Qu'il porte le deuant de son corps comme le Rhinoceros, le derriere comme le cerf, & la teste comme le dragon.

Les Magistrats du païs ont leurs habits ornez des figures de ces oiseaux, releuées en or ; cet oyseau n'a pas tout à fait vn pied & demy de long.

instar cervi graditur, caput Draconis in modum ; brachia simillima testudini gerit, caudam sicut gallus, alas autem quinque pulcherrimarum auium coloribus coruscas refert.

YE-KI.

C'Est ainsi que les Chinois appellent vne Poulle sauuage ; elle est d'vn fort bon goust, a le plumage fort beau, & est fort grande. Ils ont aussi d'autres poulles qu'ils appellent Ciam-u-ki, celles-là ont vne queuë longue de quatre pieds, elles se trouuent en Cauli, autrement la Corée ; il y en a d'autres qu'ils appellent Toki, c'est à dire la poulle chameau, à cause d'vne bosse qu'elle a sur le dos, semblable à celle de cet animal, la teste en est grande.

HIAM, le MVSC.

L'Animal qui porte le musc est semblable à vn cerf, & a aussi quelque chose du tygre, son poil est de couleur d'arrain, & tire vn peu sur le noir, ce que nous appellons musc est la chair des reins de cet animal, & de ce que la nature a caché au dessous ; mais les marchands hachent toute sa chair auec son sang, & l'enfermant dans vn petit sac qu'ils font de sa peau, ils le vendent apres comme si c'estoient les testicules de cet animal ; c'est bien du musc, mais il n'est pas si parfait que celuy que nous auons décrit le premier ; Il y en a vne troisiesme sorte qu'ils font en y meslant du sang de dragon ; & ainsi d'vn des sacs du veritable musc, ils en font 2. ou 3. Entre autres manieres qu'ils ont de le connoistre, ils le mettent sur le feu, & le tiennent pour veritable s'il estapore tout a fait, & en ont mauuaise opinion, s'il en reste quelque chose de semblable a du charbon ; ils s'en seruent dans la medecine, croyent qu'il facilite l'accouchement des femmes, qu'il est bon pour la poitrine, & qu'il nettoye le corps des mauuaises humeurs. I'ay tiré ces proprietez & ce que i'en dis icy des liures mesmes des Chinois & de leurs Dictionnaires.

SVM-XV.

L Es Chinois apriuoisent cet animal, luy mettent des colliers d'argent, il prend les souris dans leurs maisons, on le vend iusques à 8. ou 9. escus, il a le poil fauue & noir en quelques endroits, il est fort beau & fort agreable à la veuë.

LO-MEO-QVEI.

D Ans quelques prouinces de la Chine, principalement dans celle de Ho-nan, l'on y void des tortuës vertes, qui ont quelquefois des ailes bleuës à leurs pieds, elles marchent fort lentement, mais elles s'aident en faisant quelques sauts & en estendant leurs ailes, les Chinois estiment les pieds ailés de ces tortuës à cause de leur rareté. Ie vis dans vn petit lac d'eau douce & peu profond de l'Isle d'Hainan des cancres, lesquels aussi-tost qu'on les auoit tirés de l'eau, perdoient en vn momët la vie & le mouuement, se petrifioient sans qu'il parut rien de changé dans la figure exterieure ou interieure de leur corps. Il est certain que la poudre de ces cancres beuë auec du vin arreste le flux de ventre & le flux de sang lors qu'on la boit auec du vinaigre ; ils guerissent le mal des yeux, en ostent les nuages & les taches, soulagent ceux qui ont la fievre, & sont d'vn grand secours contre le poison.

LE CHEVAL MARIN.

L Ors que i'estois au Mosambique ie vis plusieurs fois des harars de cheuaux marins qui se rouloient au bord de la Mer : l'Oidor ou le Iuge de la ville m'enuoya vn iour la teste d'vn pour me la faire voir : ie trouuay qu'il y auoit trois coudées depuis la

bouche iusques au garot ou espaules: Ie remarquay dans la partie inferieure de la ma-
choire les dents fort grandes & recourbées, & d'autres dans la partie superieure qui
respondoient à celles-là, & qui estoient plus petites, auec deux autres dents, dans la
partie inferieure sur lesquelles sa langue estoit couchée. Vn iour qu'vn gentil-hom-
me Portugais me voulut faire voir le pays, qui est à l'opposite de l'Isle de Mosambique, comme nous rasions la coste dans vne galiotte à 10. rames, nous vismes à vn iet
de pierre de nous 50. cheuaux marins qui hannissoient, tantost se plongeoient dans
l'eau, tantost venoient au dessus. Le plaisir que nous auions à les voir estoit troublé
de la peur qu'ils n'attaquassent nostre galiotte, quoy que nous eussions trente hommes. Vn de nos esclaues tira vn coup de fusil à celuy de ces cheuaux qui estoit le plus
proche, & le frappa entre ses yeux, la beste tomba; & comme sur le midy nous vismes que les autres cheuaux ne paroissoient plus, & que celuy-là ne remuoit point,
cet esclaue en approcha auec ses camarades, & le trouua mort; ils le traisnerent à
la tente ou nous estions, & me presenterent ses dents; la peau en estoit si dure qu'ils
ne la pouuoient percer de leurs lances. Il n'a point de crins, si ce n'est à l'extremité de
la queuë; ceux qu'il a en cet endroit sont noirs, luisans & flexibles comme de la cor-
ne de la grosseur d'vne plume: d'vn seul crin ils s'en font vn bracelet: ces Caffres, car
c'est ainsi qu'on appelle les habitans de cette partie du monde, s'en parent, aussi bien
les hommes que les femmes, ce qu'ils font aussi des poils de l'Elefant, persuadez qu'ils
sont que cela les preserue de la paralisie.

Aux Indes, & principalement à Goa, ils font des chappelets & des crucifix des dents
de cet animal: ils croyent que ces chappelets arrestent le flux de sang; mais l'experience fait voir que toutes les dents de cheual marin n'ont pas cette vertu, & qu'elle des-
pend en partie du temps auquel on les arrache. Lors qu'on seigne quelqu'vn on les
applique sur l'ouuerture de la veine, & c'est l'épreuue dont ils se seruent pour connos-
stre si elles ont la proprieté d'arrester le sang: Dans l'Hospital Royal de Goa qui est
sous la direction des Peres de nostre Compagnie, où il y a quelquefois iusques à
deux cens malades, on garde vne de ces dents, qui fait voir tous les iours vne experience aussi surprenante; Il ne se passe point de iour qu'on ne faise plusieurs sei-
gnées, & ils ont accoustumé d'arrester le sang en appliquant cette dent. Ie me souuiens d'auoir leu dans l'Histoire des Indes, que les Portugais ayant pris vn iour vn
paro ou petit vaisseau de Malabar, ils trouuerent entre les corps morts des ennemis, le
corps de celuy qui commandoit le vaisseau, percé de coups d'espées & de mousqueta-
des sans qu'il peust sortir vne goutte de sang de ses blessures; mais dés qu'ils l'eurent
despouillé, & qu'ils luy eurent osté vn petit os, qu'il auoit pendu à son col, qui estoit
sans doute de dents de cheual marin, le sang commença à sortir auec violence de toutes ses playes, n'estant plus arresté par la qualité de ces dents, qui le tenoient comme
glacé.

LE SERPENT GEN-TO.

C'Est le plus grand serpent qui se trouue dans l'Isle Hay-nan, & dans la prouince
de Quam-tum, Quam-si & autres, il deuore des cerfs entiers, il n'est pas fort venimeux, est couleur de cendre, & quelquefois long de vingt-quatre pieds: Quand la
faim le presse, il sort des bois, & s'aidant de sa queuë, il saute & attaque les hommes & les bestes; quelquefois de dessus vn arbre il se iette sur les hommes, & les tue
en les serrant de ses plis: son fiel est vne chose precieuse aux Chinois, ils s'en seruent
pour le mal des yeux. Aux Indes & dans le Royaume de Quam-sy on trouue vne
pierre dans la teste de certains serpens qu'ils appellent serpens cheuelus, laquelle guerit les morsures, de ce mesme serpent, qui autrement tueroit dans vingt-quatre heures: cette pierre est ronde, blanche au milieu, & autour est bleuë ou verdastre: lors
qu'on l'applique sur la morsure, elle s'y attache d'elle-mesme, & elle ne tombe point qu'elle n'ait succé le venin. On la laue apres dans du laict, & on l'y lais-

se quelque temps pour luy faire reprendre son estat naturel ; cette pierre est rare, si on la presente vne seconde fois à la morsure, & qu'elle s'y attache, elle n'a pas succé tout le venin dés la premiere ; si elle ne s'y attache point, c'est vne marque que tout le venin est hors, & on s'en resiouit auec le malade : Ils se seruent contre le mesme venin d'vne racine que les Portugais appellent Rais de Cobra, qu'ils font macher à ceux qui sont mordus, iusques à ce qu'elle leur ait fait venir deux ou trois rapports à la bouche.

Les Chinois ont vn autre serpent qui est fort venimeux, car ceux qui en sont mordus meurent en peu de temps, mais ils ne laissent pas de l'estimer beaucoup à cause du grand remede qu'ils en tirent. Ils le mettent viuant dans vn vaisseau plain de bon vin, en sorte que la teste seule soit dehors pour faire euaporer tout le venin, & que le reste du corps demeure enfermé dedans : On fait boüillir ce vin, ils en separent apres la teste, & sa chair leur tient lieu d'vne tres-excellente theriaque.

HIVEN-PAO.

Hiuen-Pao est vne espece de Leopard ou de Panthere que l'on void dans la Prouince de Pekim, il n'est pas neantmoins si feroce que les tigres ordinaires, les Chinois en font grand cas.

Vne Croix trouuée l'an 1625. dans la Prouince de Xensi.

COmme on jettoit les fondemens d'vne nouuelle muraille dans la ville de San-xuen (ou Sancyuen) en la prouince de Xensi : on trouua vne Croix taillée dans vne pierre auec des caracteres Cyriaques & Chinois, qui explique comme nostre religion a esté transportée dans le Royaume de la Chine par les successeurs des Apostres : L'on y mit les noms des Prestres & des Euesques de ce temps-là, & mesmes quelques priuileges que les Empereurs de la Chine auoient fait aux Chrestiens.

Le Gouuerneur du lieu en ayant esté aduerty, comme les Chinois estiment beaucoup tout ce qui est antique, il fit courir vn escrit à la loüange de cette antiquité, & fit grauer sur vne autre pierre les mesmes lettres & les mesmes figures, & l'erigea comme vn monument venerable dans vn hermitage de la ville de Sigan, *qui est la Capitale de la contrée & de la Prouince* : nos Peres qui sont à la Chine en ont enuoyé vne copie à Rome, qu'on garde à la Maison Professe.

La pierre à cinq empans de large, vn d'espoisseur, & dix de longueur : sur le deuant est vne croix qui approche celle des Cheualliers de Malthe : voicy comme le Pere Kircher explique dans son prodome de la langue Coptique, les neuf caracteres Chinois qui y sont graués.

Pierre dreßée à la memoire eternelle de la loy de lumiere & de verité, qui a esté portée de la Iudée en la Chine.

LE reste qui a esté graué en caracteres Chinois contient ces mysteres de nostre Reilgion, escris d'vn stile Chinois, qui en parlent comme on voit en suitte.

De la Creation du Monde.

CEluy qui a tousiours esté veritable, immuable, sans principe, d'vne connoissance tres-profonde, & qui n'aura point de fin, a creé toutes choses par sa puissance admirable, & a fait les Saincts par son infinie Majesté & Saincteté.

<table><tr><td>Seconde Partie.</td><td>(:) D iij</td></tr></table>

Cette Essence diuine trine en personnes & vne en substance, nostre vray Seigneur, qui est sans commencement la Oyu (qui en langue Chaldée est le mesme que Eloha) a fait les quatre parties du Monde, & du Chaos a fait deux Kis, c'est à dire, deux vertus, a changé les tenebres, a fait le Ciel & la terre, a fait que le Soleil & la Lune nous donnassent par leurs mouuemens le iour & la nuict, enfin a creé toutes choses.

Mais en creant le premier homme il luy a donné la iustice originelle, & le constituant chef sur toute la terre, &c.

De la cheute d'Adam.

MAis depuis que Satan eut trompé Adam, & luy eut fait corrompre ce qui estoit parfait de sa nature, la malice s'empara de son ame pour en troubler la paix, & y mit la discorde qui mina cette egalité d'esprit, dont il iouissoit auparauant.

Du Mystere de l'Incarnation.

ALors vne des Diuines Personnes de la Tres-saincte Trinité qu'on nomme le Messie, resserrant & cachant sa Majesté, s'accommodant à nostre nature, se fit homme, & ayant enuoyé vn Ange pour annoncer aux hommes leur bon-heur, cette ioye nasquit en Iudée d'vne Vierge : Vne estoille fit aussi connoistre ce bon-heur, les Roys l'ayant apperceuë le vinrent reconnoistre par des presens, afin que la loy & les propheties des vingt-quatre Prophetes fussent accomplies : Il gouuerna le monde sous vne loy merueilleuse & toute diuine, qu'il establit par la vraye foy, consomma la spirituelle qui s'accomplit sans le bruit des paroles : Il proposa les huict beatitudes, & changea les choses du monde en eternelles : Il fit entrée aux trois vertus (*Theologales*) & donna la vie en destruisant la mort. Il descendit en propre personne aux Enfers, & confondit tous les demons : Il conduisit par sa pieté les bons au Ciel, & asseura le salut aux iustes. Enfin apres auoir accomply ces choses, il monta au Ciel, & institua le Baptesme en eau & au S. Esprit pour nettoyer les pechez, en rendant la pureté aux hommes : Il se sert de la Croix pour embrasser tous les hommes sans en excepter aucun, & les excite par la voix de sa Charité, &c.

On lit sur cette pierre plusieurs autres choses de la vie & dignité des Apostres, des Prestres, & des Ministres de Iesus-Christ : mesme de l'excellence de la loy Chrestienne, qu'vn homme de grand merite venu de Iudée nommé Olopuen proposa aux Chinois l'an de Christ 636. sous le regne du tres-vertueux Prince le Roy Tai, qui la fit incontinent publier par tout son Royaume, parce qu'il fut iugé par les sçauans que cette loy estoit saincte & immaculée.